科教资源集聚区创新型城市建设模式研究

周 忠 李治堂 等/编著

图书在版编目（CIP）数据

科教资源集聚区创新型城市建设模式研究/周忠，李治堂等编著.—北京：经济管理出版社，2014.9
ISBN 978-7-5096-3208-6

Ⅰ.①科… Ⅱ.①周… ②李… Ⅲ.①城市建设—研究—中国 Ⅳ.①F299.2

中国版本图书馆 CIP 数据核字（2014）第 143400 号

组稿编辑：申桂萍
责任编辑：申桂萍 宋 凯
责任印制：黄章平
责任校对：张 青

出版发行：经济管理出版社
（北京市海淀区北蜂窝 8 号中雅大厦 A 座 11 层 100038）
网　　址：www.E-mp.com.cn
电　　话：(010) 51915602
印　　刷：三河市延风印装厂
经　　销：新华书店
开　　本：720mm×1000mm/16
印　　张：11.75
字　　数：179 千字
版　　次：2015 年 5 月第 1 版　2015 年 5 月第 1 次印刷
书　　号：ISBN 978-7-5096-3208-6
定　　价：39.00 元

·版权所有 翻印必究·
凡购本社图书，如有印装错误，由本社读者服务部负责调换。
联系地址：北京阜外月坛北小街 2 号
电话：(010) 68022974　邮编：100836

编委会

课题负责人: 郑吉春

课题执行人: 周 忠　李治堂

课题组成员: 华宇虹　刘寿先　刘 彤　高海涛　刘 硕
　　　　　　　田 杰　姜 扬　彭自成　甘 清　吴婕妤

前 言

为了贯彻落实党中央国务院关于增强自主创新能力、建设创新型国家的战略部署，国家发展和改革委员会（以下简称发改委）、科技部积极开展创新型城市建设试点工作。国家发改委在2008年6月批准深圳市为全国首家创新型城市建设试点，于2010年1月6日批准大连、青岛、厦门等16个城市申报的创建国家创新型城市总体方案，支持开展创建国家创新型城市试点。科技部2010年确定北京市海淀区、上海市杨浦区、天津市滨海新区等首批20个国家创新型试点城市（区），于2010年1月12日在全国科技工作会上对试点城市授牌，标志着我国创新型城市建设正式从政府层面开始推动。截止到目前，全国已经有200多个城市提出建设创新型城市的目标，积极开展创新型城市建设工作。

创新型城市建设是在经济发展和城市自身发展过程中逐步展开的，各国的主要城市在经济社会发展过程中，对创新型城市建设都有一定的实践和探索，积累了有益的建设经验，形成了各自的特色。创新型城市的实践，适应了从工业经济向知识经济的转变，推动了产业结构调整，在推动城市转型升级过程中对城市发展目标和战略进行重新定位，逐步形成以知识和创新驱动的发展模式，为城市的持续发展奠定了基础。

"科教资源集聚区创新型城市建设模式研究"项目是受科技部委托的工作课题。本项目旨在探索四个直辖市中属于科技部的创新型试点城区在高校聚集的相同条件下建设创新型城市的不同模式和各自特色，为创新型城市如何集聚和配置创新要素、发挥高校资源禀赋、建构创新体系，实现创新型城市建设目标提供示范。

课题组采用理论研究和调查研究相结合的方法，对创新型城市建设、科教资源集聚区创新型城市建设理论进行了梳理，对国内外创新型城市建设的现状和基本情况进行了总结和比较分析，重点对北京市海淀区、上海市杨浦区、天津市滨海新区等进行了实地调查和专家访谈，调研的单位包括杨浦区科委、滨海新区科委、海淀区科委和海淀园区管委会、上海高晶金属探测设备有限公司、上海智汽电子科技有限公司、国神光电科技有限公司、华平股份有限公司、上海杨浦区海外高层次人才创新创业服务中心、上海杨浦科技创业中心、上海复旦科技园创业中心、复旦大学科技园、上海杨浦科技创新（集团）有限公司、大学生创业园、杨浦科技园区管委会、滨海高新技术产业开发区管委会及科技园、中关村软件园、海淀创业园、东升科技园、北大科技园、清华科技园等。在调研的过程中，课题组得到了以上单位和领导的大力支持，在此一并表示诚挚感谢。同时，科技部翟立新副司长、邵学清处长给予了很多指导和支持，中国科学技术发展战略研究院的胡志坚、王奋宇、高昌林、刘峰等专家多次参与咨询论证，提出很多建设性意见，在此，对各位领导和专家的帮助表示衷心感谢。本课题由郑吉春总负责，周忠、李治堂具体执行，北京印刷学院绿色印刷包装产业技术研究院和经济管理学院的部分教师参与了课题调研和研究工作，学校科研处研究院和经济管理学院的领导也对课题研究工作给予了大力支持。

　　本书第一章由李治堂执笔，第二章由高海涛、李治堂执笔，第三章由刘寿先执笔，第四章由田杰执笔，第五章由刘硕执笔，第六章由李治堂、高海涛执笔，第七章由华宇虹执笔，第八章由刘彤执笔，第九章由刘寿先执笔，第十章由李治堂执笔。全书由郑吉春、周忠审阅定稿。

　　本书的出版得到了"科教资源集聚区创新型城市建设模式"项目以及北京印刷学院学科建设专项资金的资助。

　　由于创新型城市建设是一个新的问题，涉及的因素众多，研究难度较大，加之课题组成员知识水平所限，缺点和疏漏之处在所难免，请专家和同行不吝批评指正。

郑吉春

2014 年 4 月

目 录

第一章 绪论 …………………………………………………………… 1

 一、研究背景 ……………………………………………………… 1

 二、研究的主要内容及拟解决的关键问题 …………………………… 2

 三、研究方法与过程 ……………………………………………… 3

第二章 创新型城市建设理论综述 …………………………………… 5

 一、创新型城市建设理论基础 …………………………………… 5

 二、创新型城市建设实践背景 …………………………………… 10

 三、创新型城市建设的内涵 ……………………………………… 12

 四、创新型城市建设的动力与模式 ……………………………… 14

第三章 科教资源集聚区创新型城市建设的理论分析 ………………… 17

 一、科教资源集聚区的内涵与界定 ……………………………… 17

 二、科教资源集聚区创新型城市的知识聚散效应分析 …………… 21

 三、科教资源集聚区创新型城市建设的构成要素 ………………… 30

 四、科教资源集聚区建设创新型城市的动力机制：创新主体间
  互动关系分析 ………………………………………………… 35

 五、科教资源集聚区创新型城市的建设模式 …………………… 36

第四章 国内创新型城市建设基本情况 ………………………… 38

  一、国内创新型城市建设现状概述 ………………………… 38

  二、国内创新型城市建设的特征 …………………………… 40

  三、国内创新型城市建设的成绩与不足 …………………… 42

第五章 国外创新型城市建设情况 …………………………… 45

  一、创新型城市建设的基本类型 …………………………… 45

  二、创新型城市建设典型案例 ……………………………… 47

  三、国内国外的比较 ………………………………………… 52

第六章 政策先行 双轮驱动
——北京市海淀区创新型城区建设模式 ……………… 56

  一、北京市海淀区创新型城区建设的历史沿革 …………… 56

  二、北京市海淀区建设创新型城区的优势 ………………… 59

  三、北京市海淀区建设创新型城区主要举措 ……………… 61

  四、北京市海淀区创新型城区建设模式分析 ……………… 66

  五、北京市海淀区创新型城市建设模式及经验 …………… 83

第七章 三区融合 联动发展
——上海市杨浦区创新型城区建设模式 ……………… 93

  一、杨浦区建设创新型城市的背景及意义 ………………… 93

  二、杨浦区概况 ……………………………………………… 97

  三、建设创新型城市的基础和条件 ………………………… 104

  四、创新型城市建设方案 …………………………………… 111

  五、创新型城市建设成就和初步经验 ……………………… 121

  六、创新型城市建设模式和特点 …………………………… 131

第八章　开发开放　集聚创新
——天津滨海新区创新型城区建设模式 …………………… 137
一、工作定位 ………………………………………………… 137
二、工作思路 ………………………………………………… 138
三、工作方法和推进模式 …………………………………… 138
四、推进措施 ………………………………………………… 141
五、建设经验 ………………………………………………… 144
六、创新型城市建设模式 …………………………………… 146

第九章　三区联动　转型发展
——重庆沙坪坝区创新型城区建设模式 …………………… 155
一、沙坪坝区的发展历史与概况 …………………………… 155
二、沙坪坝区创新型城区建设的基础条件 ………………… 157
三、沙坪坝区创新型城区建设的主要成绩与特色 ………… 159
四、沙坪坝区建设创新型城区的未来思路 ………………… 165
五、沙坪坝区创新型城区建设模式 ………………………… 168

第十章　政策建议 ……………………………………………… 173

参考文献 ………………………………………………………… 175

第一章 绪论

一、研究背景

创新型城市建设是在理论和实践不断深化的基础上逐步提出和发展起来的，目前已经成为理论和实践中的热点问题，受到理论界和政府决策部门的重视。创新型城市建设是在经济发展和城市自身发展过程中逐步展开的，各国主要的城市在经济社会发展过程中，对创新型城市建设都有一定的实践和探索，积累了有益的建设经验，形成了各自的特色。

2006年1月9日，全国科学技术大会召开，胡锦涛同志发表了题为《坚持走中国特色自主创新道路，为建设创新型国家而努力奋斗》的重要讲话，中央正式提出建设创新型国家的目标。

为了贯彻落实党中央国务院关于增强自主创新能力、建设创新型国家战略部署，国家发改委、科技部积极开展创新型城市建设试点工作。国家发改委在2008年6月批准深圳市为全国首家创新型城市建设试点，于2010年1月6日批准大连、青岛、厦门、沈阳、西安、广州、成都、南京、杭州、济南、合肥、郑州、长沙、苏州、无锡、烟台16个城市申报的创建国家创新型城市总体方案，支持以上城市开展创建国家创新型城市试点。科技部在各省（区、市）人民政府申报推荐的基础上，根据基础良好、特色鲜明、示范性强、体现层次性等原则，确定2010年首批20个国家创新型试点城市（区），分别为北京市海淀区、天津市滨海新区、河北省唐山市、内蒙古自治区包头市、黑龙江省哈尔滨市、上海市杨浦区、江苏省南京市、浙江省宁波市、浙江省嘉兴市、安徽省合肥市、福建省厦门市、山东省济南市、河南省洛阳市、湖北省武汉市、湖南省长沙市、广东省广州市、重庆市沙坪坝区、四川省成都市、陕西省西安市、甘肃省兰州市。科技部于2010年1月12日在全国科技工作会上对试点城市授牌，标志着我国创新型城市建设正式从政府层面开始推动。2010年4月，科技部印发了《关于进一步推进创新型城市试点工作的指导意见》以及《创新型城市建设监测评价指标（试行）》，对创新型城市建设提出总体要求。截至目前，全国已经有200多个城市提出建设创新型城市的目标，积极开展创新型城市建设工作。

本研究旨在探索四个直辖市中科技部创新型试点城区在高校聚集的相同条件下建设创新型城市的不同模式和各自特色，为创新型城市如何集聚和配置创新要素、发挥高校资源禀赋、建构创新体系，实现创新型城市建设目标提供示范。

二、研究的主要内容及拟解决的关键问题

本研究的主要内容包括创新型城市建设基本理论概述，科教资源集聚区创新型城市建设的理论分析，我国创新型城市建设的现状和特点，国外创新型城市建设模式与经验，北京市海淀区、上海市杨浦区、天津市滨海新区、重庆市沙坪坝区四个直辖市所属创新型城区建设的基本进展、模式和经验。拟解决的关键问题是科教资源集聚区如何把科教资源优势转化为创新型优势；在加快经济发展方式转变、促进经济社会协调可持续发展、大力增强企业自主创新能力、加强创新人才培养和创新基地建设、加强创新服务体系建设、营造激励创新的良好环境、推进体制改革和管理创新等方面推出什么样的有效举措，取得什么样的成功经验；是否形成了各具特色的创新型城市建设模式。

三、研究方法与过程

科教资源集聚区创新型城市建设模式研究是一个比较新的问题，涉及的因素比较多，具有一定的研究难度。课题组自接受委托以来，围绕课题研究内容和思路进行了多次的研讨和修订，课题负责人从总体思路和研究框架上做了深入的研究和指导，课题组多次咨询中国科学技术发展战略研究院的胡志坚教授、王奋宇教授、高昌林教授等专家的意见。研究方法采用理论研究和调查研究相结合的方法，对创新型城市建设、科教资源集聚区创新型城市建设理论进行了梳理，对国内外创新型城市建设的现状和基本情况进行了总结和比较分析，为课题的研究工作开展奠定了理论基础。课题组重点对北京市海淀区、上海市杨浦区、天津市滨海新区等进行了实地调查和专家访谈，先后两次调研了杨浦区、滨海新区、海淀区科委和海淀园区管委会，和科技部门的领导专家进行了深入的座谈，并走访调研了上海高晶金属探测设备有限公司、上海智汽电子科技有限公司、国神光电科技有限公司、华平股份有限公司、上海杨浦区海外高层次人才创新创业服务中心、上海杨浦科技创业中心、上海复旦科技园创业中心、复旦大学科技园、上海杨浦科技创新（集团）有限公司、大学生创业园、杨浦科技园区管委会、滨海新区科委、滨海高新技术产业开发区管委会、科技园、海淀园管委会、中关村软件园、海淀创业园、东升科技园、北大科技园、清华科技园等单位，与其进行了面对面的交流和访谈，取得了各地创新型城市建设和科技创新工作的大量一手资料，为课题组完成调研报告提供了很好的支撑。对于重庆沙坪坝区则主要通过二手资料和电话调查等方式进行。通过调查，掌握了大量的一手资料，对创新型城市建设的总体状况、进展和各地的特色经验有了比较清楚的认识。

通过调查，我们得到以下基本认识：

（1）创新型城市建设得到了各试点城市政府的高度重视和大力支持。各地政府加强了领导和组织协调，加大了资源整合力度，促进了创新要素的聚集，制定出台了有利于创新的配套政策。

（2）各地能充分利用各自的科教资源优势，加强科教资源优势向创新优势和产业优势的转化，形成了发展支柱产业和战略新兴产业的思路与格局。

（3）各地政府在城区整体规划、创新体系建设和创新环境营造方面发挥了主导作用，强化了对区内企业和创新主体的服务意识和服务水平。

（4）从推进科研成果产业化的创新思路逐步转变到以企业需求为导向，以企业为主体组织创新活动和配置创新资源的思路，企业和市场在创新中的作用提升。

（5）合作、共享、开放、政产学研用相结合的创新模式逐步成熟。创新平台、创新联盟等得到快速发展，产业聚集和创新网络效应逐步显现。

（6）科技与金融的结合紧密，以金融创新推动科技创新为未来的创新提供了更大的支持。

（7）科技与民生的结合更加密切，科技惠民工程的实施，进一步拓展了科技创新的领域，为创新型城市整体建设提供支撑。

（8）各地基于各自的资源禀赋和产业基础，在创新型城市建设中寻求适合自身的建设思路和路径。

第二章　创新型城市建设理论综述

一、创新型城市建设理论基础

"创新"一词最早是由美籍奥地利经济学家约瑟夫·阿罗斯·熊彼特于1912年在《经济发展理论——对于利润、资本、信贷、利息和经济周期的考察》一书中提出的。熊彼特指出,"创新的基本内涵是建立一种新的生产函数或是一种生产函数的新组合,其目的在于不断打破经济均衡,获取潜在的超额利润"。他把创新的概念概括为五种类型:①生产新的产品或一种产品的新的特征;②引入新的生产方法、新的工艺过程;③开辟新的市场;④开拓并利用新的原材料或半制成品的供给来源;⑤采用新的组织方式。

熊彼特思想的继承者们根据其对创新的定义,逐渐分成了相对独立的两大研究路线,即以技术创新、市场创新为研究对象的技术创新论和以组织管理变革为研究对象的制度创新论。最初,关于创新的研究均强调创新的线性特征,随着研究的不断深入,学者们发现创新源自不同的出发点,即不同的创新源企业价值链中的所有活动都有可能创新,创新更多地发生于各种行为主体之间复杂的共同运作过程中,从而对创新的研究开始关注创新系统。

国家创新系统理论的提出代表了创新研究的新进展,从更高的层次和更大的范围认识创新活动及其结果。信息社会中知识成为一种重要的生产要素,围绕知识生产和传播的创新活动成为驱动经济社会发展的强大动力。国家创新系统是指一个国家内各有关部门和机构间相互作用而形成的推动创新网络，是由经济和科技的组织机构组成的创新网络。1992年，丹麦人伦德瓦尔（Bengt-Ake Lundvall）主编的《国家创新系统：建构创新和交互学习的理论》（National System of Innovation: Towards a Theory of Innovation and Interactive Learning）研究了国家创新系统的构成与运作。伦德瓦尔认为，现代经济中最基础的资源是知识，最重要的过程是学习，学习是一种最重要的交互式的社会过程，必须从制度和文化的范畴去理解。国家创新系统是一些要素及其相互联系，它们在生产、扩散和使用新的经济上有用的知识过程中相互作用。他认为国家创新系统有广义和狭义之分。狭义的国家创新系统包括介入研究和探索活动的机构和组织，例如从事R&D活动的机构、技术学院和大学。广义的国家创新系统包括经济结构、影响学习和研究与探索的所有部门和方面，包括生产系统、市场系统、财政系统及其子系统，这些系统都是学习发生的地方。

1995年，麦特卡尔夫（Metcalfe）认为，国家创新系统是一组独特的机构，它们分别或联合地推进新技术的发展与扩散，提供政府形成和执行关于创新的政策框架。因此，国家创新系统是创造、存储和转移知识、技能和新技术产品的相互联系的机构组成的系统。这个定义被英国贸易与工业部在1997年的研究报告《英国的国家创新系统》（The UK Innovation System）中采纳。

1996年，经济合作与发展组织（OECD）在《以知识为基础的经济》（The Knowledge-based Economy）中给出了国家创新系统的指导框架，国家创新系统的结构是重要经济决定因素。国家创新系统有六个基本要素，即创新活动的行为主体、行为主体的内部运行机制、行为主体之间的联系、创新政策、市场环境和国际联系。

从国家技术创新系统向国家创新系统的转变，反映了世界经济向知识化和全球化方向转移的大趋势。20世纪90年代以来，发达国家正向知识经济转移，知识经济正在取代工业经济，成为当今世界经济发展的主流。在工业经济时代，国家技术创新能力是国民经济可持续发展的关键；在知识经济时代，

第二章 创新型城市建设理论综述

知识的生产、传播和应用，成为经济增长的决定性因素。

现代经济发展一方面表现为全球化得到迅速发展，世界经济的一体化趋势加强；另一方面，还出现了经济的本地化和区域化的发展。在创新和创新研究领域，重视区域和地方在创新活动以及经济发展的差异性，强调通过对区域或地方创新活动的支持促进区域经济的发展和产业的发展受到了各方面的重视，区域创新系统的理论逐步得到发展。

区域创新系统是指在一定的地理范围内，经常地、密切地与区域企业的创新投入相互作用的创新网络和制度的行政性支撑安排。区域创新系统的概念主要来源于创新系统和区域科学的研究成果。一方面，创新系统文献将创新概念化为一个进化的和社会的过程，认为技术创新是许多行为主体的相互激励和影响的产物，并受到来自公司内外部的许多因素的作用，这反映了对技术创新过程的认识已从单个企业及内部向多个行为主体及网络化过程的转变。而创新的社会属性不仅指的是与公司外部的其他公司、知识提供者、金融部门和培训部门等的合作关系，而且指的是公司多个部门之间的集体学习过程，例如，R&D部门、商业化部门、生产部门、市场部门等。另一方面，区域科学及其对创新形成的社会制度环境的解释。新区域科学和现代区域发展理论更强调集体学习和地方社会文化环境的重要性，这种环境通过地理邻近和聚集以方便各行为主体相互学习和技术创新、扩散、积累。相应地，区域科学的文献既关注了邻近性的作用，例如，本地化优势和空间集中所带来的好处，也关注了知识创造和扩散过程赖以发生的一套地方化的主流的规则、习俗和规范。

区域创新系统的一些基本内涵却是可以确定的，即：

（1）具有一定的地域空间和开放的边界。

（2）以生产企业、研究与开发机构、高等院校、地方政府机构和服务机构为主要的创新主体。

（3）不同创新主体之间的社会交互作用，构成了创新系统的组织和空间结构，从而形成一个社会系统。

（4）把制度因素摆在突出的位置上加以考虑，强调制度因素和治理安排对于知识的形成、利用和扩散的重要作用。

（5）以促进区域内创新活动为目的，鼓励区域内的企业充分利用地域范围内的社会关系、规范、价值和交互作用等来形成特殊形式的资本（社会资本）以增强区域创新能力和竞争力。

区域创新体系是一种开放式的系统，是国家创新体系中的子系统。库克等（2000）指出，任何起作用的区域创新体系都有两个子系统：一是知识应用与开采子系统，主要由具有垂直供应链网络的公司组成；二是知识生产与扩散子系统，主要由公共组织组成。库克认为，区域创新系统建立在五个构成元素之上：一是区域，一个行政政治单位具有某种文化和历史的同质性，并享有某种法定权力；二是创新；三是网络，可理解为基于信任、规范和契约的互惠且可靠的关系；四是学习过程，特别是在制度学习意义上的学习过程；五是相互作用，由正式的与非正式的联系和关系所推动。

从构成要素上看，区域创新体系由以下要素构成：

（1）主体要素。即创新活动的行为主体，主要为企业、高等院校、科研机构、各类中介组织和地方政府五大主体。其中，企业是技术创新的主体，也是创新投入、产出以及收益的主体，是创新体系的核心。作为由五大行动主体构成的网络型组织，存在着清晰的区域创新网络，区域创新体系的形成要依赖各个参与者在创新活动中所结成的网络关系。区域创新体系的参与者借助产业网络和社会网络或者遵循共同的技术范式形成了一个创新网络，在这个网络中企业运用所掌握的创新资源开发新的产品和技术，形成区域创新体系的产出。

（2）功能要素。即行为主体之间的关联与运行机制，包括制度创新、技术创新、管理创新的机制和能力。第一层次是各主体的内部运行机制，主要是激励机制；第二层次是在主体之间构建联系紧密、运行高效的"管道"机制，关键是解决好信息、知识存量的高效流动、创新合作和技术外溢等问题，形成企业、科研机构与学校、政府以及中介机构之间的信息高效流动、资源合理分配、能够发挥各自优势的机制。

（3）环境要素。即创新环境，包括体制、基础设施、社会文化心理和保障

第二章 创新型城市建设理论综述

条件等。环境要素是企业创新活动的基本背景，是维系和促进创新的保障因素。环境要素一般可以分为硬环境和软环境两个方面，其中硬环境主要是指科技基础设施，软环境包括市场环境、社会历史文化和制度环境。处理好要素与要素、要素与系统的结合关系，对于发挥区域创新系统的功能、提高区域创新体系的效率至关重要。

创新型城市概念是在城市经历了从工业化时代向知识经济时代的转型、城市在现代经济社会发展中的作用越来越处于中心地位这一背景下提出的。在国家创新系统、区域创新系统中，城市都是非常关键的节点和枢纽，区域创新系统、国家创新系统的成功运行离不开创新型城市的发展。可以说，创新型城市理论是和国家创新系统、区域创新系统相伴而生的，也是国家创新系统和区域创新型系统理论研究的深化和发展。20世纪70年代以后，伴随着全球化和信息化影响的深入，以知识、技术和服务创新特征的城市网络和创新体系成为知识经济发展的重要保障，创新型城市成为学术界的研究热点。

从目前的文献研究来看，创新型城市的英文表述有两种："Creative City"和"Innovative City"。"Creative City"的说法主要来自欧洲（英国、荷兰等）的一些研究文献，主要是指对城市面临的问题提出具有创造性的解决办法，并由此带来城市的复兴，这些问题包括交通管理、产业发展、城市生态、种族融合等。相对于"Creative City"，"Innovative City"的提法包含了目前关于创新型城市研究的主流含义，主要研究"创新"（Innovation）作为驱动力的一种城市经济增长和经济发展模式，并不断融合社会发展的理念和思想。

查尔斯·兰德瑞（Charles Landry）是创新型城市研究的先驱和国际权威，他的代表作《创新城市》（The Creative City）是关于创新型城市研究的第一本专著。在该书中，他强调在新经济时代，城市发展的动力以及全球城市体系中城市之间的关系等都具有新特点，不能再用以前的思路解决21世纪的问题。城市治理创新应根据新背景下城市发展的宏观环境、微观条件等寻求治理城市危机和促进城市发展的新途径。他还主张创新型城市的治理应积极要求不同学科、不同领域、不同层次的人参与，只有这样才能对事物做出全面、全新的评判。兰德瑞在对城市创新实践的成败原因进行大量案例研究的基础上，提出了关于创新型城市的一套完整的战略框架和实施机制，为其他城市实施创新战略提供了一个可资借鉴的方法。查尔斯·兰德瑞（2000）认为，创新型城市不仅是促进有想象力的行动和都市生活快速提升的号角，而且是城市实施复兴和复苏方案的一个清楚和详细的工具箱。他认为，创新型城市建设需具备以下七个条件：富有创意的人、意志与领导力、人的多样性与智慧获取、开放的组织文化、对本地身份的强烈的正面认同感、城市空间与设施以及上网机会。James Simmie（2001）认为，城市创新主要源于四个方面：与典型的集聚经济相关，称为"内部范围效应"；与同一部门的企业空间集聚相关，即本地化经济或环境经济；城市化经济与创新进程有很强的相关性；与其他更为高级的世界出口市场的联系，即所谓全球化效应。Hospers（2003）认为，创新型城市是孕育知识经济的地方，知识经济要求城市创新，一个富有竞争力的城市是集聚性、多样性、不稳定性和良好声望的结合体。

此外，世界银行（2005）在"东亚创新型城市"研究报告中提出了一系列成为创新型城市的先决条件：拥有优良的交通电信基础和功能完善的城市中心区；拥有充足的经营、文化、媒体、体育及学术活动的场所设施；拥有受教育程度较高的劳动力队伍；政府治理有效，服务高效；拥有高质量的居住选择；社会多元，能接纳各种观点的碰撞，各种文化的融合和各种体验的交汇等。

二、创新型城市建设实践背景

（一）国外创新型城市建设实践

创新型城市建设是在经济发展和城市自身发展过程中逐步展开的，各国主要的城市在经济社会发展过程中，对创新型城市建设都有一定的实践和探索，积累了有益的建设经验，形成了各自的特色。创新型城市的实践，适应了从工业经济向知识经济的转变，调整了产业结构，在转型升级过程中对城市发展目标和战略进行重新定位，逐步形成以知识和创新驱动的发展模式，为城市的持续发展奠定了基础。

美国、英国、德国、法国、日本、韩国等国的主要城市在转型和创新型城市建设方面都取得了积极的进展。其中，以美国芝加哥、洛杉矶、纽约、硅谷等几大城市和地区比较典型。如美国芝加哥实现了从制造经济向以服务业为主导的多元经济转型，不仅顺利渡过经济波谷期，而且形成集聚效应，促进了新技术在制造业中的应用。依托交通枢纽功能，发展成为美国最大的期货和商品交易市场。芝加哥重新成为经济全球化中的一个重要节点，展现出国际城市的地位。美国洛杉矶完成了从制造经济向高科技产业和现代服务业的转型，在20世纪80年代后成功步入全球性城市之列。进入21世纪，洛杉矶成为美国西部的高科技产业和研发中心，拥有的科学家和工程技术人员数量位居全美第一，成为美国的"科技之都"。纽约大力发展生产者服务业，打造成世界第一金融中心。纽约充分发挥政府与市场的双重作用积极推动产业转型。结合自身交通、教育、文化、金融等方面优势制定并实施城市创新发展战略，从整体上实施城市创新运动。利用纽约众多的大学、研究机构和企业的综合优势，研发高科技产品，发展工业园区带动中小企业和高科技企业发展。重视城市基础设施与产业的联结，建立了强大的通信网络，构建了多层次多元化的交通网络，很好地提升了其全球金融中心的地位。美国硅谷更是创新型城市建设的典范，伴随着20世纪60年代中期微电子技术的高速发展逐步成为美国重要的电子工业基地，也是世界最为知名的电子工业集中地。这里聚集了思科、英特尔、惠普、朗讯、苹果等世界知名公司，成为融科学、技术、生产为一体的高科技产业基地。硅谷的成功取决于技术创新和其他创新之间的互动交融，代表了当今最成功的创新生态系统。

（二）国内创新型城市建设实践

2006年1月9日，中央在全国科学技术大会正式提出建设创新型国家的目标。胡锦涛同志强调，建设创新型国家，核心就是把增强自主创新能力作为发展科学技术的战略基点，走出中国特色自主创新道路，推动科学技术的跨越式发展；就是把增强自主创新能力作为调整产业结构、转变增长方式的中心环节，建设资源节约型、环境友好型社会，推动国民经济又快又好发展；就是把增强自主创新能力作为国家战略，贯穿到现代化建设各个方面，激发全民族创新精神，培养高水平创新人才，形成有利于自主创新的体制机制，大力推进理论创新、制度创新、科技创新，不断巩固和发展中国特色社会主义伟大事业。

同时，中央对建设创新型国家提出了总体要求。2006年颁布的《国家中长期科学和技术发展规划纲要（2006—2020）》指出，到2020年，中国科技发展的总体目标是：自主创新能力显著增强，科技促进经济社会发展和保障国家安全的能力显著增强，为全面建设小康社会提供强有力的支撑；基础科学和前沿技术研究综合实力显著增强，取得一批在世界具有重大影响的科技成果，进入创新型国家行列，为在21世纪中叶成为世界科技强国奠定基础。

在中央的大力推动下，国家发改委、科技部等部门积极从政策层面开展创新型城市建设试点工作。各地也积极响应，把创新型城市建设作为本地区重要的发展战略。截至目前，全国已经有200多个城市提出建设创新城市的目标，创新型城市建设正在稳步推进。

三、创新型城市建设的内涵

创新型城市是经济社会发展到一定程度，在知识经济、服务经济取代工业经济的背景下产生的；其不仅仅限于科技范畴，而强调创新是发生在经济、社会各个领域的复杂的系统活动，是一种全方位、全社会、全过程的创新，是城市实现跳跃式发展的途径；其终极目标是彻底改变传统经济发展模式，最终实现经济社会的可持续发展。创新型城市是指在城市创新战略和创新目标的指引下，依靠科技、知识、人力资源、文化、体制机制等创新要素驱动城市的发展，在集聚和配置创新资源、不断形成自我平衡调整和发展功能的基础上，形成创新体系健全、创新要素集聚、创新效率高、创新效益好、辐射引领能力强的竞争优势，对其他区域具有高端辐射与引领作用的城市。创新型城市自主创新能力强、科技支撑引领作用突出、经济社会可持续发展水平高、区域辐射带动作用显著。创新型城市是各种优势创新资源高度集聚于城市并协同发挥作用驱动城市进步的一种城市发展形态，是城市发展知识化和高级化的产物。创新型城市的内涵至少包括以下四个方面：

第一，从城市发展的驱动力上看，创新型城市是以知识、人力资本为核心创新驱动要素的一种城市发展模式，包含知识创新、技术创新、制度创新和文化创新等综合创新要素。

第二，从城市的发展演变上看，创新型城市一般由科技和文化中心城市发展演变而来，是知识经济和城市经济发展融合的产物，科技创新能力或知识竞争力是城市的核心能力。

第三，从系统角度上看，创新型城市是一个复杂的城市创新系统，创新型产业和创新型企业是其构成主体，城市整体表现出较强的知识型产业特征，高技术产业、信息产业、知识密集型服务业和创意产业成为其主要的基础产业。

第四，从城市发展目标上看，创新型城市在区域、国家乃至全球竞争体系中，积聚和配置创新资源，不断调整相关利益主体之间关系，使各利益主体的目标与城市发展目标趋向一致。在此基础之上，建立创新驱动的集约型城市经济增长模式，最终实现城市经济增长和经济增长方式转变基础之上的城市可持续发展。

创新型城市建设是由城市管理当局组织推动，企业、研究机构、高等学校、社会中介组织、金融机构和其他经济社会组织以及全体居民积极参与，有效集聚和配置各种创新资源,开展各种知识、技术、制度、文化创新活动,实现城市从传统发展模式向创新驱动的发展模式转变的系统工程。

四、创新型城市建设的动力与模式

创新型城市的建设是一项复杂的系统工程,它包含着政治制度、经济产业、市场环境、历史文化等众多因素的创新,各因素之间相互整合、相互影响。创新型城市建设是经济社会发展到一定阶段的必然要求,是城市自身实现发展方式转变和可持续发展的必然要求。在创新型城市建设中,既有来自城市自身创新发展战略和创新要素之间互动产生的内部驱动力,也有来自市场以及政府方面的拉动、推动等外部驱动力。创新型城市建设是内部驱动和外部驱动共同作用的结果(如图2-1、图2-2所示)。其中,内部因素和内部驱动是基础,外部因素和外部驱动是条件,内外结合的程度决定了创新型城市建设的成效。完整的城市创新体系应包括创新发展战略和创新驱动要素两大方面,二者构成创新型城市建设的内驱动力。城市创新发展战略主要以产业发展战略和科技发展战略为主架构,为创新要素指明驱动方向;城市创新驱动要素则主要由创新主体、创新资源、创新网络、创新机制和创新文化五大部分组成,为创新发展战略提供支撑。

创新型城市建设是政府推动下的有组织、有计划的系统工程,市场需求条件为创新型城市建设提供了必要性,是吸引创新活动开展的外部力量,而创新的文化氛围、优良的硬件环境为创新活动的开展提供了精神的和物质的支撑条件。创新型城市建设应把政府推动和市场拉动紧密结合,发挥政府的指导、引导作用,市场的激励导向作用,实现各种创新资源的有效配置,各种创新主体的有机互动。

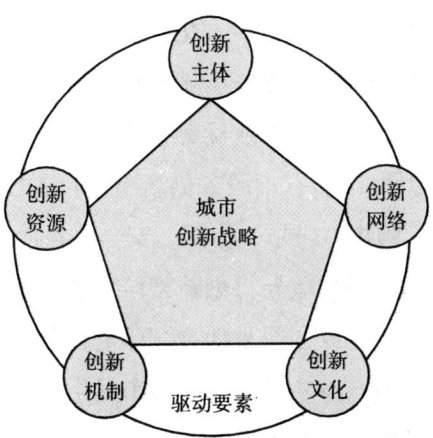

图 2-1　创新型城市建设的内部驱动力

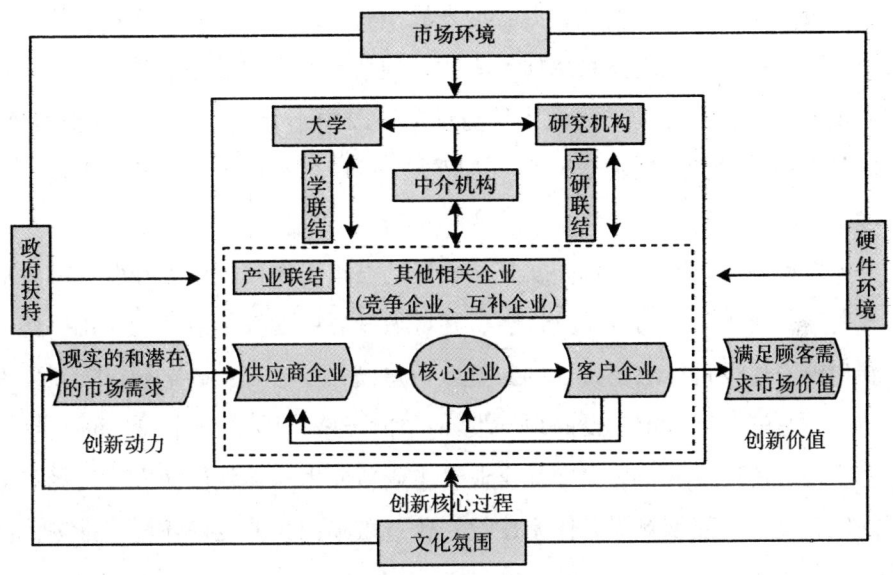

图 2-2　创新型城市建设的外部驱动力

创新型城市建设模式是依据一定的标准对创新型城市建设的基础、战略、主导驱动力量、目标定位等方面所做的分类。创新型城市建设模式是在实践的基础上形成的，反映了不同城市在实现创新驱动的发展模式上的特色和差异。目前，学界对创新型城市建设模式有多种分类方法，而且有些分类之间还存在相互交叉重叠的情况。如创新型城市建设模式分为文化创新型城市、科技创新型城市和服务创新型城市。文化创新型城市主要是通过文化艺术创新实现城市的新生和繁荣；科技创新型城市拥有一流的大学和科研机构，具有雄厚的科技创新实力和明显的产业优势，是在适应知识经济和当代科技发展基础上而出现的新型城市形态；服务创新型城市主要通过不断创新服务，充分满足人们的交通、购物、娱乐、休闲、安全等各种需求而获得持续发展。有的研究根据创新驱动要素的差异将创新型城市建设模式分为：科技创新驱动型、产业创新驱动型、开放创新驱动型、体制机制创新驱动型、综合创新驱动型等。根据在创新型城市建设中政府与市场主导作用的不同，分为政府主导型发展模式、市场主导型发展模式和混合型发展模式。政府主导型发展模式是大多数发展中国家城市常用的模式，市场主导型发展模式是传统发达工业化国家城市常用的模式，混合型发展模式是现代西方发达市场经济国家城市采用的模式。无论是采用何种模式，创新型城市建设需要具备一些基本相同的条件，包括政府的强力支持与推动；以中小企业为核心的创新载体；形成具有竞争优势的创新型产业；创新人才的吸引和储备；良好的创新文化环境。

创新型城市建设的目标是实现从传统的城市发展模式向创新驱动的发展模式转变，实现城市的可持续发展，在区域发展中发挥辐射带动作用，促进创新型国家建设目标的实现。创新型城市建设的任务有：确定城市创新发展战略，做好创新型城市建设的顶层设计；加快经济发展方式转变；促进经济社会协调可持续发展；大力增强企业自主创新能力；加强创新人才培养和创新基地建设；加强创新服务体系建设；营造激励创新的良好环境；推进体制改革和管理创新。

第三章 科教资源集聚区创新型城市建设的理论分析

一、科教资源集聚区的内涵与界定

(一) 科教资源聚集区的定义与内涵

科教资源集聚区是指在一个特定的区域范围内,科技和教育综合实力最强、科技教育凝聚力、辐射带动能力最强,以及最具有科技和教育发展潜力、人文自然环境最好的中心城市。从静态角度讲,科教资源集聚区必须满足具备较强的资金供给和经济实力、良好的城市环境质量、丰富的研究资源和人才储备、良好的公共服务体系以及先进的城市基础设施、发达的公共教育体系、宽松的政策环境等标准,因此科教资源集聚区是在静态尺度上能够发挥辐射带动、信息交换、创新、政策等示范作用的核心区域。从动态角度看,科教资源集聚区不仅是由地方政府、教育科研机构、金融机构和中介组织等科技活动客体所共同组成的一个创新区域系统,而且是由一系列科技教育创新环节依次联结并互动循环发展的动态过程。

(二) 科教资源集聚区的发展模式

科教资源集聚区的形成发展过程各具特色,但我们经过深层次剖析会发现，集聚区发展过程的背后具有一些共同性的特征与规律。笔者在深入研究科教资源集聚区特征和发展历程的基础上，总结出了科教资源集聚区的三种形成发展模式。

1. 资源驱动自发形成发展模式

资源驱动自发形成发展模式是指凭借某一地区独特的环境认同感和地域文化特色，使得科技和教育从业人员或企业自发聚集于此地从而形成集聚效应的过程。集聚区初始阶段由市场依据当地禀赋特色而自发形成，发展到一定阶段后，市场自身不能解决的问题，如公共基础设施建设、平台建设、宏观规划调整等，再由政府扶持、规划当地科技和教育资源布局，根据需要引导和配置服务。该类型的科教资源集聚区如上海同济时尚设计科教资源集聚区，主要依靠同济大学的师生以及从事时尚设计、建筑和规划等行业的科技人员聚集而逐步形成的。

2. 自上而下政府推动发展模式

自上而下的政府推动发展模式是指政府在区域产业总体发展战略和总体教育规划的指导下，通过分析城市发展所需的外部环境以及科技教育人群的区位与空间需求，综合制定区域科技和教育资源发展规划。往往先由项目建设单位提出可行性报告，政府按照规范审核后供地规划建设大学城，引导符合科技教育产业导向与设计目标的企业和高校入驻。后期的实际运作管理中实行以"管委会为辅、高校和企业为主"的模式，这种发展模式容易操作和推广，是现阶段较成熟的管理运行模式。例如，北京昌平区沙河高教示范园区是由教育部和北京市政府等政府部分联合高校规划、设计并建设的，目前已经聚集了北京航空航天大学、中央财经大学等至少七家高校入驻。

从国外来看，20 世纪 50 年代，美国依托斯坦福大学成功发展斯坦福研究园，最终发展成为世界著名的硅谷。之后，日本的筑波科学城、美国的 128 公路高技术带、苏联西伯利亚的阿克德姆格洛克科技园等各种冠以科学城、科技园等名头的产业园就成为许多国家建设大学城的初衷和样板。进入 90 年代，这些地区发展的成功经验，引起我国规划学者和决策者的重视，在我国大力发展高教产业的进一步激励下，形成了我国大学城建设的热潮。据不完全统计，以科技兴市为目标，国内有 20 多个城市提出或正在规划建设大学城（见表 3-1）。[①]

表 3-1　国内大学城规划建设统计一览（截至 2009 年底）

大学城名称	所在城区	用地规模（平方公里）
上海大学城	上海杨浦区，分西园/东园/北园核心区	4.12
广州大学城	番禺区新造镇小谷围岛及南部对岸	20
福建大学城	福州地区闽侯县上街镇	10
浙江高校园区	滨江、下沙、小和山	16
深圳大学城	深圳南山区	10
珠海大学园区	广东珠海	3.4
东莞大学科技城	广东东莞	50
湖南长沙大学城	湖南长沙岳麓山地区	44
东方（华北）大学城	河北廊坊经济技术开发区	6.7
天津生态高教园区	天津市大港区	20.7
郑州大学城	郑州邙山区	20
上海松江大学城	上海松江	3
西部大学城	陕西西安南郊长安区	4
仙林大学城	南京仙西	4.7
无锡大学城	无锡滨湖区	10
江苏常州科教城	常州武进文教区	5
济南长青大学城	济南西部新城核心区	43
北京沙河高教园区	北京昌平沙河镇	8

注：另有武汉等数十个城市提出要建设大学城，正在规划筹备中。

3. 科技教育资源衍生型发展模式

科技教育资源衍生型发展模式是指依托现有的高等学校和研究机构所能提供的主要科技和教育资源，通过在原有资源中加入一种新的技术要素或进行原有资源再造拓展众多的、新的产业领域，形成科技和教育资源的集聚效应。这种模式在全国各城市科教资源集聚区建设中相对较多，如北京市海淀区辖区内拥有诸如北京大学、清华大学、中国人民大学、北京理工大学、北京航空航天大学、中国科学院等众多研究实力雄厚的重点高校和研究院所，

[①] 王满祥，卢涛. 大学城建设与发展高教产业的关系 [J]. 西北大学学报（哲学社会科学版），2004，34（5）：146-149.

同时由于历史因素，大量的中央企业、跨国公司和大型企业总部也常驻于此。这种教育和科技资源的巨大优势吸引并且衍生出众多的外资企业、科技型企业、中介服务和金融服务等机构，也形成了中关村科技园区和中关村创意产业先导基地等创新产业集聚区。科技教育资源衍生型发展模式的一个前提是集聚区内原本就有一些标志性的资源，如海淀区的众多高校和大型企业、上海杨浦区和南京市的著名高校资源、深圳市的研发机构和高新技术企业资源等。而城市聚集区发展则需要依托这些标志性的科教资源，拓展与其相关的具有广阔市场前景的新兴产业项目，改造原有产业和形成新兴主导行业，推动聚集效应形成。

（三）科教资源聚集区的特点与功能

一般来说，科教资源聚集区城市具备三个基本特征：①城市基础设施较为完善，经济相对发达；②科教资源密集，拥有数量众多的文化教育组织和科研机构，集中了大量科技创新人才，是区域科学技术生产与扩散的中心；③高新技术产业与现代服务业在本地区产业构成中所占比例增长迅速，产业结构呈显著的高级化发展。[①]

作为科教资源聚集区城市，还应同时具备以下六个功能特征：①是区域性科研活动的集中开展地区，研发资源高度密集、基础设施先进，为区域性科技研发活动的中心；②居于本地区产业链的高端，是新兴产业兴起的源泉，创新对产业结构调整方面的作用已经开始有所体现，主要表现为城市产业体系的高端化趋势和集群化趋势，并构成向周边延伸的中低端产业扩散网络；③是区域文化交融的中心，具备形成创新型文化的条件，能够包容来自区域内不同地区的文化，并拥有便于吸纳区域外文化因素，形成多种文化激烈碰撞的城市环境；④在国内具备较高的知名度，品牌资源相对丰富，成为本地企业对外宣传和营销的平台，特别是拥有一定数量的有自主品牌的企业是科教资源聚集区的主要特色；⑤是跨区域及区域性企业运作的中心，是企业创

---

① 杨冬梅.创新型城市的理论与实证研究［D］.天津大学博士论文，2006.

新活动的主要开展地,总部经济相对发达是科教资源中心城市地位确立的重要因素;⑥是制度改革的先行者,制度鼓励创新活动的开展,能根据本地区面临的具体环境和情况,在制度安排上予以适当调整,为创新成果转化为经济、社会效益提供种种便利。①

二、科教资源集聚区创新型城市的知识聚散效应分析

随着科技进步、经济发展和全球化进程的加快,现代城市的形态也发生了巨大的变化。早期城市核心功能的创立和联系世界的要素主要依靠城市区位、生产资源、原材料和交通等条件,而通信技术、物流技术和全球化加快使城市竞争力的构筑不能再依靠上述这些传统的要素条件。当今城市的核心功能主要在于知识资源的聚集与扩散,以及由此所带来的创新能力。创新型城市应运而生。无论是由于禀赋、历史因素,还是政府推动等外部力量,科教资源集聚区聚集了大量的高校、院所、企业以及中介金融服务机构,成为科教资源和研究开发资源的集散地。科教资源集聚区创新型城市的建设更有能力也更应当认识、挖掘并且利用科教资源的潜力。科技和教育资源本身就是一种重要的知识资源,知识的产生、流动、创新、融合和利用也就是科教资源规模扩大、质量提升的过程。因此,创新成为科教资源集聚区创建创新型城市的主要驱动力,而创新优势的产生来源于知识资源的聚集(Agglomeration)、整合创新(Integration and Innovation)和扩散(Diffusion)效应。②如图3-1所示。

---

① 杨冬梅. 创新型城市的理论与实证研究 [D]. 天津大学博士论文, 2006.
② 代明, 王颖贤. 创新型城市的知识集散效应 [J]. 城市观察, 2010(3): 64–73.

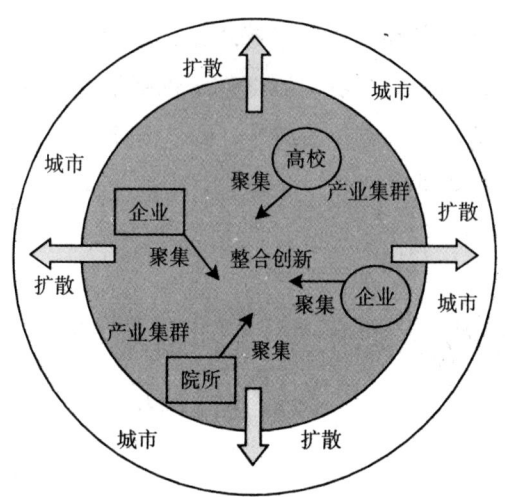

图 3-1 创新型城市的知识聚散过程

知识资源和科技人才的聚集过程为知识整合和知识创新提供创新网络和平台，知识整合与创新不断增加知识存量，产生新技术、新工艺和新产品，这些创新性知识通过扩散过程在创新型产业集群内部传播，也可以扩散到集群外部的城市其他区域，推动创新型城市的形成。

（一）知识资源的聚集

科教资源集聚区内集中了众多的科技和教育资源，为创新的产生提供基础。高校、科研院所、企业等主体的地理邻近和集中形成了以知识资源为基础的知识型产业集群。

最早对产业集群研究的是马歇尔，他认为是由专门人才、专门机械、原材料提供、运输便利以及技术扩散等"一般发达的经济"所造成的"外部经济"促成产业集群。波特在其国家和区域竞争优势的研究中极力强调地理群聚现象的广泛性，及其对地方竞争优势的重要意义，特别是对于创新能力的意义，并提出一个折衷主义的菱形分析框架，将影响企业集群竞争优势的因素归纳为市场需求、要素供应、相关支持产业和机构，以及同行和替代产品竞争者，并兼顾了政府和偶然事件的作用。

知识型产业集群是由产业集群升级而来，因此，知识型产业集群与产业集群一样，具备产业在区域聚集性的特征，其主要联系就是在产业集群内外，通过产业链，开展创新的合作与互动，实现各自的价值，形成创新集群。

知识型产业集群与产业集群的区别主要体现在：产业集群在集群内主要是产业聚集，关联互动的创新缺乏，虽然有些企业是承接世界技术转移、国际产业垂直分工生产，或单独开展创新活动，但与区内产业无实质性的创新互动；而知识型产业集群强调的是基于产业链、产业联盟与产学研合作方式上的互动知识创新。[①]

结合众多学者们的观点，将知识资源聚集所形成的知识型产业集群的竞争优势总结为以下几个方面：

1. 节约交易成本

按照新制度经济学的观点，交易成本是指除了直接的实物生产过程的成本和运输成本之外的所有其他成本。产生交易成本的原因很多，其中最主要的是信息搜寻成本和交易中的机会主义的存在。信息的搜寻成本指的是寻找到供需双方能够匹配的交易信息，包括要素市场和产品市场的供求信息；交易中的机会主义行为是指由于参与市场交易主体都是追求利益最大化的，因此，他们就有为了实现自身利益的极大化而通过各种手段损害交易对象利益为自己谋利的动机。知识型产业集群是大量专业化分工的企业在空间地域上集聚，并与区域内其他行为主体结成的紧密协作的知识生产体系。集群内企业之间往往采取垂直分离或水平一体化联系方式，彼此之间既有合理的分工，又有紧密的合作。在长期合作的基础上，企业与企业、高校院所等机构之间产生了信任，经营者之间也建立了稳固的社会关系网络。这种信任和网络不仅能够减少企业间的讨价还价现象，从而促使交易双方很快达成并履行合约，而且有利于防止机会主义行为的发生，对于企业降低交易风险或成本是非常重要的。此外，知识型产业集群内聚集着大量的技术、市场、人才信息，集群内企业的相对集中，基于共同的社会文化背景并借助关系网络，信息能够

---

① 曾祥效. 基于创新集群构建的广东高新区和专业镇提升策略[J]. 科技管理研究，2010（14）：41-44.

高效传播，使集群内企业灵敏捕捉各种最新的信息，搜索信息的时间和费用大大节省。

2. 创新优势

大批产业相关的企业聚集在一个地区，一方面加强了企业间的竞争，另一方面更促进了企业间合作，增强企业间互动学习效应，使原来基于资源禀赋的比较优势发展为创新优势，从而大大增强了集群创新能力。第一，企业集群内同类企业集聚，系统内竞争激烈程度远远超过分散的个体优胜劣汰的自然选择机制，企业彼此接近受到竞争的隐性压力，不甘落后的自尊需要和当地高级顾客的需求，迫使企业不断进行技术创新和组织管理创新。第二，由于区位接近、经济联系密切、信息交流便捷，企业集群免不了发生企业之间的知识和技术碰撞、扩散，给集群内部企业提供了较多的学习机会，知识的溢出效应使得群内企业更容易获得相关的知识或技术。同时，由于群体企业间存在着多种渠道的正式交流与非正式交流，特别是非正式交流为占据整个知识的绝大部分且决定创新能力的隐含知识的准确传递与扩散提供了基础条件，大大加快了创新速度。第三，众多企业集聚在同一地区，互相竞争又互相学习，协作创新、增强地区竞争力已成为产业集群内企业的共同愿景。"想创新、讲创新、争创新"构成了一种特有的文化氛围，成为创新的重要催化剂，激励集群内企业不断追求和积累新知识和技术。第四，企业集群的发展壮大会吸引大量的中介服务型组织及提供研究开发和技术支持的机构，提供创新的孵化平台，如学校、科研单位、管理咨询机构、培训组织等。这些机构加强了技术的研发、交流和扩散功能，为集群内企业创新提供了广泛的机会。同时，地方政府通过改善基础设施等创新硬环境，制定有利于创新的政府法律法规等软环境来引导企业集群的创新。

（二）知识型产业集群内部知识整合与创新

日本学者野中郁次郎（Nonaka，1994）从隐性知识与显性知识相互转化的角度分析了企业中知识流动的四个子阶段。[①]本书将野中郁次郎的分析框架应用于知识型产业集群内部知识整合与创新过程的分析中。Polyani（1966）将知识分为显性知识和隐性知识两类。[②]科教资源集聚区知识型产业集群中的显性知识是可以编码的、能书面表达的创意和知识，通常表现为专利、技术、设计图等形式；隐性知识则是指高度个人化的、与实践相关的、难以清晰表达的知识，通常以个人经验、团队默契、技术诀窍、组织文化等形式存在。知识型产业集群实质上是创意、技术、专利等知识资源的集聚体，其中隐性知识占有较大的比重。集群知识网络在资源配置方式和配置效率上更具优势，产业集群内部的企业和其他行为主体利用各种知识流动管道获取、吸收、利用和创新知识资源，为集群和企业的成长提供了动力。

1. 社会化（Socialization）——原创构想的形成

该阶段是指个体隐性知识向另一个体隐性知识的转化过程。由于隐性知识是难以用语言明确表述的，并且与其产生的环境和个人密切相关，因此，获取隐性知识的关键是通过共同体验和交流来感觉和学习，形成隐性知识扩散。但是，社会化只是知识流动过程中的初级阶段，知识仍是高度默会性的，即无法清楚表述出来的，所以还不能够被组织作为一个整体来加以利用。

科教资源集聚区内的知识型产业集群中，人员之间和企业之间创意的形成和流动都要依靠科技人才的创造力和非正式的交流。科技人才是知识流动和创新的主体，也是初始创意的载体。而创新知识属于高度隐性知识，更多是通过会展、学术沙龙和内部学术交流等方式扩散。社会化是分享、汇集经验和隐性知识的过程。在科教资源集聚区内的知识型产业集群中，伴随着社会化的过程，初始创意由通过科技教育人才的灵感或彼此间的交流、启发转化为原创构想。在科教资源集聚区的科技人才之间往往有共同的兴趣爱好，具有进行知识交流和共享的环境，容易触发灵感，使初始创意转化为原创构想。

---

① Nonaka, I. A dynamic theory of organizational knowledge creation [J]. Organization Science, 1994, 5 (1): 14-36.

② Polanyi, M. The tacit dimension [M]. New York: Garden City, 1966.

2. 外部化（Externalization）——模型产品塑造

该阶段是隐性知识向显性知识的转化过程。外部化是整个知识流动过程的关键，这一过程将隐性知识用显性化的概念和语言表达，使隐性知识变得明晰和具体，易于在组织成员之间交流和分享。

科教资源集聚区内的知识型产业集群中，创意企业以原创构想为蓝本生产创意产品，需要将科技人才的隐性知识具体化，将其用清晰的语言、文字表述出来。原创构想转化为模型化产品过程中，需要依靠现代信息技术和集群内知识流动两个条件。知识型企业通过声光技术、信息加工、多媒体和通信技术等形态为载体尽可能多、尽可能完整地反映设计者原创构想的原貌。这一模型化产品塑造过程中，更加需要与集群内其他机构和成员的相互合作，吸收和学习集群内相关科研工作者、市场中介机构和投资机构对产品模型过程的知识和意见。从而使知识型产业集群中的生产企业、投资机构、科研和设计机构共同发挥作用，将原创构想转化为模型产品。[①]

3. 组合化（Combination）——模型产品商业化

该阶段是显性知识向显性知识的转化过程。这一过程通过各种媒介（文件、会议、电话会谈或电子交流）将孤立的显性知识汇集组合成系统性显性知识的过程。通过知识组合使个体更加系统地理解显性知识。

科教资源集聚区内的知识型产业集群中，知识工作者和设计者、内容生产商、销售代理商、经纪中介和制作人等联合开发应用模型产品，为模型化产品的商业化和市场化而共同合作。产品模型转化为市场高新技术产品需要着重考虑顾客和消费者对高新技术产品的认可和接受。这一方面需要开发和应用整合营销、网络营销、创意营销等各种营销手段和模式；另一方面更需要将科技人员、高新技术企业、市场中介机构、高新技术产品发行商、投资者间的合作，将其个别化的显性知识连接组合成为集群内部系统性的知识，这种知识通过规范化的产品模型商业化过程来体现。

---

① 郑颖昊. 创意产业集群知识流动研究 [D]. 北京交通大学硕士论文，2010.

4. 内部化（Internalization）——新知识衍生

该阶段是显性知识向隐性知识的转化过程。它是一个将整个组织的显性知识内化为个体隐性知识的过程。通过组合化产生的新显性知识被集群内部企业吸收、消化，从而拓宽、延伸和重构了自身的隐性知识系统。

科教资源集聚区内的知识型产业集群中，组合化后的显性知识是在解决实际问题过程形成的，而将系统化知识应用于实践中更能体现其价值。这一应用于实践的过程就是新产品和新创意横向和纵向衍生的过程。企业利用高新技术产品商业化后产生的消费路径依赖和锁定效应特征，不断拓展产品系列，将集群内各个行业联系在一起进行知识衍生品的二次生产和销售，实现新产品和知识横向拓展。同时，产品模型市场化的系统知识是对消费者反馈和生产商信息的归纳，使集群创意企业员工获得新的构想，实现了新知识的纵向衍生。

将以上四种知识流动过程方式结合起来，就构成了一个科教资源集聚区内的知识型产业集群内部知识整合创新的动态循环过程，如图3-2所示。

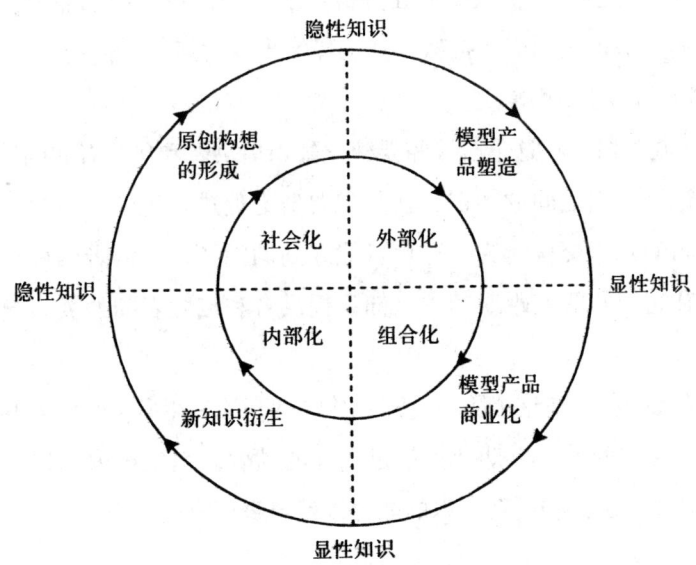

图3-2 科教资源集聚区内的知识型产业集群知识整合创新过程

(三) 创新型城市中的知识扩散

知识扩散是知识通过市场及非市场渠道的传播，使知识从发源地向外进行空间传播、转移，或被其他地域通过合法手段从知识生产者传递到使用者的过程。知识扩散是知识的时空传播，是该项知识在其他经济领域和更大地域空间范围的应用推广。[1] 创新型城市中的知识扩散是在不同层次上进行的，包含集群内的扩散和集群外部的扩散。集群内的扩散主要是针对知识生产的扩散而言，是指知识在同属某一产业集群的企业之间的扩散。集群外部的扩散即知识对整个创新型城市内部经济的作用过程。

1. 集群内的扩散

知识型产业集群内的知识扩散主要分成四个阶段：发起（Initiation）、实施（Implementation）、跃迁（Ramp-up）与整合（Integration）阶段。[2]

（1）发起阶段。当知识型产业集群内部发现了知识差距，也就是存在扩散的需要或机会时，扩散的种子就形成了。发起阶段的重点是找到扩散的机会以及决定什么时候需要扩散。而在集群内扩散前，集群内部需要将实践编码化，确认哪些知识资源需要扩散，并选择恰当的时间，评估所需的时间成本，规定双方彼此间的义务等。

（2）实施阶段。在这个阶段需要建立知识提供者和接收者间的知识扩散关系，从而进行它们之间的知识交换。需要努力促进、维持并强化知识提供者和接收者间的知识交换行为，避免可能遇到的问题。在两者间构筑起合适的渠道来填补它们间的差距。其中，知识提供者和接收者间的关系起到重要的作用。

（3）跃迁阶段。在这个阶段，知识接收者开始运用所接收的新知识来确认并解决非预期的问题，以期获得超过以往的绩效。而集群内知识接受方解决问题的能力取决于其利用新知识的能力以及自身拥有的知识存量。

---

[1] 代明，王颖贤. 创新型城市的知识集散效应 [J]. 城市观察，2010（3）：64-73.
[2] 转引自：徐乾. 产业集群中的知识传播与企业竞争优势研究 [M]. 杭州：浙江大学出版社，2009：22.

(4) 整合阶段。一旦知识接收者运用新知识获得了满意的结果,新知识就会逐渐成为工作惯例的一部分。这个过程中,新知识可能遭遇到集群内部旧知识和管理的阻碍。因此,整合阶段的重点在于消除新知识与集群原有惯例的不相容以及由此产生的障碍与冲突,使得新旧知识可以较好地融合。

2. 集群外部的扩散

它是考虑知识型产业集群的知识在城市系统中的扩散过程。城市是一个典型的社会系统,是知识型产业集群所处的外部环境。借助对集群内知识扩散的分析,可以间接反映出知识在更大社会系统中的扩散过程。由于这一过程基本上等同于上一节所描述的知识扩散过程,因此只对外部扩散过程作简要的分析。

集群外部知识扩散的途径包括:[①] ①集群与城市机构间的专家和员工即人与人之间的密切接触和相互学习;②上下游合作厂商之间的合作与接触,彼此之间的创意设计思想、工艺技术诀窍、市场营销创新、组织管理程序等隐性知识的交流壁垒大大降低,促进知识的扩散;③企业间的示范和模仿产生溢出效应。城市中各个区域中心间的联系使得近距离观察和模仿竞争对手技术和管理经验得以实现,院校和先进企业的创新理念、创新产品、创新工艺、创新服务等会起到示范作用,先进的企业知识和集群特色成为城市知识场中的榜样,后进的集群和区域迫于竞争,就会加快学习、模仿和追赶。知识溢出可以促进区域的技术和生产力水平的提高,增强城市的竞争力,这是经济外在性的一种表观。经济学家马歇尔认为:如果一个大学、研究机构和企业有了新思想和新技术,乐意被别人所采纳,并与别人的意见和生产实践结合起来,成为新的思想源泉,不但使本企业而且会带动园区、社区和整个城市的知识水平上升。

[①] 花建.产业丛与知识源——论文化创意产业集聚区的内在规律和发展动力[J].上海财经大学学报,2007,9(4):3-9.

三、科教资源集聚区创新型城市建设的构成要素

创新型城市的概念演变经历由学习到创新、由被动到主动、由单一到多元的过程,Hospers曾指出,创新型城市是孕育知识经济的地方,知识经济要求城市创新,一个富有竞争力的城市是集聚性、多样性、不稳定性和良好声望的结合体。[①] 作为科技资源、教育资源等创新性资源高度集聚于城市空间的一种城市发展形态,作为城市发展知识化和高级化的产物,创新型城市本质上来说是科教资源集聚区发展理念和模式的一种创新。创新型城市既然涵盖包括科技创新、知识创新、服务创新、制度创新、融资创新、社区创新等多方面创新内容,那么科教资源集聚区要建设创新型城市应该具备哪些要素?这些要素之间的互动关系如何?

杨冬梅、赵黎明、闫凌州(2006)认为,创新型城市的内部创新构成要素必须具备四个基本要素,即创新主体、创新资源、创新制度和创新文化。[②] 其中,创新主体包括城市人才创新主体,企业、大学、研究机构、中介结构、政府等机构创新主体,以及以产业集群、产学研联盟等形式存在的创新群主体;创新资源包括基础设施、信息网络、技术、知识、资金等;创新制度包括激励、竞争、评价和监督等创新机制,以及政策、法律法规等创新政策;创新文化包括城市文化观念、创新氛围等软环境,以及参与国际竞争与合作的开放的外部环境。

邹德慈认为构建创新型城市的要素包含三个方面:[③] 一是保持和增长城市

---

① 转引自:朱凌,陈劲,王飞绒.创新型城市发展状况评测体系研究[J].科学学研究,2008,26(1):215-222.
② 杨冬梅,赵黎明,闫凌州.创新型城市:概念模型与发展模式[J].科学学与科学技术管理,2006(8):97,101.
③ 邹德慈.构建创新型城市的要素分析[J].中国科技产业,2005(10):13-15.

第三章 科教资源集聚区创新型城市建设的理论分析

活力的产业创新,主要涉及产业结构问题、新兴产业问题和产业集群问题;二是支撑创新型城市的先进基础设施,由城市物质技术基础、城市的防灾减灾体系和城市管理体系三个基本体系组成;三是城市政府管理能力,其中的两项重要内容分别是制度和管理者的能力。

中国城市经济学会提出了建设创新型城市的四个要素:创新资源,即创新活动的资源,包括人才、信息、知识、经费;创新机构,即创新活动的行为主体,包括企业、大学、研究机构、中介机构、政府等;创新机制,即保证创新体系有效运转的制度条件,包括激励、竞争评价和监督机制;创新环境,即维系和促进创新的保障,包括创新政策、法律法规、文化等软环境,信息网络、科研设施等硬环境,以及参与国际竞争和合作的外部环境。[①]

借鉴杜辉(2006)的观点,科教资源集聚区所要建设的创新型城市是以科技进步为动力、以自主创新为主导、以创新文化为基础的城市形态。创新型城市作为一个完整的创新体系,不仅具备产学研一体化体系,而且具备关键技术研发、创业孵化、成果转化、中介服务和科技融资五大平台的支撑:不仅具有调控有效、科技政策引导有力、科技法规保障到位的创新型科技管理体制、科技政策和科技法规,而且在创新型的城市文化。城市观念上以求异思维、创新意识、风险精神为特征,城市精神以崇尚创新、尊重知识、勇于创业为荣耀。

综合相关学者的研究成果,创新型城市建设包含着多方面创新的系统工程,需要各个层面的要素协同、配合、相互支持和整合。科教资源集聚区中,大学、科研院所、高新技术企业、中介金融服务结构等机构聚集,各种资源较为充沛,尤其是技术、专利、诀窍等知识资源享有得天独厚的优势。科教资源集聚区创建创新型城市应发挥知识资源集聚区的优势。科教资源集聚区建设创新型城市的基本要素包括组成创新网络的结点、各结点之间的联系以及网络中流动的创新资源。[②] 同时,创新性环境对于集聚区内的知识资源创新

[①] 参见中国城市经济学会:《创新型城市四要素》,http://www.szfh.org/news/ahatcxxcs.htm.
[②] 转引自:张梅青,盈利. 创意产业集群网络结构演进机制研究[J]. 中国软科学,2009(增刊).

也有非常重要的影响。图 3-3 描绘了科教资源集聚区建设创新型城市的基本要素构架。这一要素结构反映了科教资源集聚区中创新行为主体之间的关系，通过横向、纵向的联结，创意、信息、技术等知识资源在城市内部不断流动和优化配置，从而促进了城市中的创新行为。

在图 3-3 中，企业、大学或科研机构、中介服务机构、政府及公共部门、金融机构之间形成了网络互动关系，构成了科教资源集聚区中创新要素结构的核心。其中，企业、大学或科研机构、政府及公共部门、中介服务机构、金融机构以及企业集群是创新要素结构的主体；主体间双箭头表示创意、信息、技术以及政策等知识资源在各个主体之间的流动。因此，本研究将从创新行为主体、创新资源流动管道、创新资源和创新环境四方面描述科教资源集聚区建设创新型城市的要素结构。

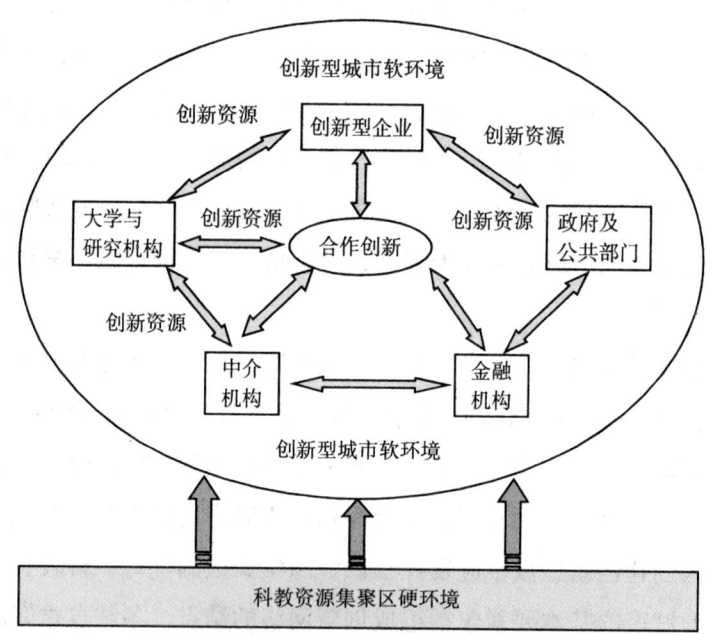

图 3-3 科教资源集聚区建设创新型城市的要素结构

（一）创新行为主体

创新行为主体主要包括创新人才，企业、大学或科研机构、中介服务机构、政府及公共部门和金融机构等机构创新主体，以及以产业集群、产学研联盟等形式存在的创新群体。

（1）创新人才——是决定城市创新能力的主要群体，突出强调个体的创造力，可分为科研型人才和技术型人才。科研型人才包括大学及以上文化程度或其他具有高、中级职称的科技人员，以及从事科技教学活动的专业人员；技术型人才包括已经取得科学技术职称，正在从事科研、教学、生产的专业人员，在机关、企业、事业单位中从事科技工作的专业人员，以及中介服务机构中的科技工作者等。科教资源集聚的地区拥有大量的科研和研发型人才，能够自行培养和孕育出创新人才。

（2）企业——包括高新技术产品的生产商、与高新技术产品相关的组件生产商、高新技术产品的销售商、产品服务提供商等。其中，处于产业链上游的高新技术产品制造商和处于产业链下游的高新技术产品销售商、服务提供商是创新型城市要素结构的主体。高新技术企业多是由大学科研人员、企业家和高技能人士创办或管理的。高新技术企业的类型涵盖拥有知识密集型技术或产品的跨国公司、外资在华企业、国有企业、民营或个体企业等形式。

（3）大学或科研机构——是知识的支持机构，不仅能够创造出新思想、新知识和新技术，而且能够通过教育、培训和成果转化等方式促进创意和知识的扩散和商业化。它们是科教资源集聚区内部创新行为的主要参与者和创新主体。大学和科研机构为科教资源集聚区中的个人、企业、政府、中介以及其他主体提供了知识碰撞、升华和融合的来源和场所。

（4）中介服务机构——包括科教资源集聚区域内存在的行业协会、商会、创业服务中心、大学科技园、孵化中心、律师事务所、会计师事务所等各种形式的中介组织。这些中介机构在某一领域具有专业性优势，科教资源集聚区内中小型企业居多，在科技成果转化、产品开发和销售等方面需要中介机构的专业化支持。中介服务机构是促进企业间网络联系、官产学研结合的纽带。

（5）政府及公共部门——科教资源集聚区的创新不能仅仅靠市场机制解决，市场不能保证造就一个有利于创新的结构。政府通过政策影响和公共产品等来弥补市场缺陷。科教资源集聚区内部创新转化、交易、交流需要政府的积极参与和协调，将创新人才、大学和科研机构、专业机构和企业有机联系起来开发和融合更多的创新知识。

（6）金融机构——包括商业银行、投资公司、信托机构等资金提供者。科教资源集聚区中企业在知识创造和技术开发过程中需要大量资金支持，而多数知识型企业处于创业中前期，风险大、效益低、市场信誉没有建立，对资金和资金信息需求强烈。金融机构拥有企业和其他机构所需要资金融通、借贷信息和专业知识，能为创新机构提供专业化金融知识。

（二）创新资源

由于科教资源集聚区的区域创新特性和科教优势，其建设创新型城市所依靠的创新资源主要包括技术、专利、信息、创意构想等知识资源以及资金资源，尤以知识资源最为重要。

（三）创新资源流动管道

科教资源集聚区中的创新资源流动管道是指各创新行为主体间发生的联系和合作，集聚区内部信息、知识和创新资源通过这些联系和合作传递与扩散，也是创意、信息、技术和知识等在流动过程中实现创新增值的重要环节。科教资源集聚区中，主要创新资源流动管道包括企业与企业之间（产业链上下游的供应商、顾客与企业间联系，以及同行业中企业间的竞争合作关系所形成的管道）、企业与大学及科研机构之间、企业与中介机构间的管道，而政府与其他机构间、中介机构与其他机构间等其他创新资源流动管道处于次要地位。科教资源集聚区中各创新行为主体之间形成管道的过程，实际上是通过各个创新行为主体之间集体学习过程实现的。科教资源集聚区的创新网络中流动的创新资源一部分是通过正式途径传播的，而更多的是通过非正式的交流来流动的，这些非正式交流的传播速度要比正式交流快得多。特别是在科教资源集聚区中的创新网络中，非正式的交流促进了创新资源在各个主体间的流动，提高了企业、集群和城市区域的创新能力。

(四) 创新环境

科教资源集聚区中创新资源流动网络的构建及其运行总是与创新环境密切相关、相互作用的。在良好的、有利于创新资源流动的环境中，科教资源集聚区各创新主体之间的创新资源流动能更加容易形成有效的创新氛围。科教资源集聚区的创新环境包括创新软环境和创新硬环境。创新硬环境是指保证和维持科教资源集聚区的创新活动正常运行的基础设施，如交通运输条件、水电暖、建筑设施、信息网络设施等。创新软环境则是科教资源集聚区内的制度、规则、习俗等不成文的环境因子，包括社会文化环境、制度规则环境以及人力资源环境。

四、科教资源集聚区建设创新型城市的动力机制：创新主体间互动关系分析

随着环境的变化，竞争越来越激烈，企业和产业对于技术创新的渴求愈发强烈，而政府对于制度创新的要求也日益迫切。而以上两种形式的创新很大程度上来自于知识的创造、融合和利用所诞生的知识创新过程。18世纪大学诞生以来，早期大学的使命仅为单纯的知识传播、利用和部分的专业职业技能训练的任务，后来在19世纪大学第一次革命后，科学研究、知识创造和提供的功能进入大学使命范畴。因此，作为知识创新者的大学在产业创新发展、政府职能和制度创新方面逐渐发挥了越来越显著的作用。同样，各种形式的研究机构也发挥了科学研究和知识创新的功能。因此，可将大学和研究机构作为一个整体，是当代社会和经济发展的重要的知识来源。

五、科教资源集聚区创新型城市的建设模式

创新型城市的建设模式是历史、政治、经济、制度等多种因素作用的结果。在现代经济条件下，创新型城市的建设模式主要受到政府和市场两种力量的制约。从政府与市场的不同组合上看，创新型城市的建设可以分为三种模式：政府主导型建设模式、市场导向型建设模式和混合型建设模式。[①]

（1）政府主导型建设模式。城市政府制定明确的创新型城市发展战略，制定和颁布促进创新型城市建设的政策措施，不断加大基础设施投资，推动国际、国内的创新资源要素向城市集中，支持和鼓励创新主体之间形成互动和网络关系，营造有利于创新的文化氛围，引导全社会参与创新型城市建设。政府主导型的建设模式主要依靠自上而下的力量，发展中国家一般采用此模式。

（2）市场导向型建设模式。市场导向型的创新城市建设模式在市场机制配置资源的前提下，围绕营造城市发展的创新环境间接引导创新要素和产业要素向城市集中，创新主体在各自的利益需求和市场竞争压力下，不断寻求技术上的突破和科技创新，自发地在城市地区形成产业创新集群和有利于创新的环境。这种市场导向型建设模式主要来自自下而上的力量，发达工业化国家一般采用此模式。

（3）混合型建设模式。混合型建设模式就是在创新型城市建设中同时吸收政府与市场两种力量。创新型城市建设与发展不仅需要充分利用市场机制推动创新要素向城市集聚与流动，还需要利用政府的推动力促进城市公共设施的完善，特别是增大对城市科技和知识竞争力的基础投入。城市作为公共产品与私人产品的统一体，城市的创新发展需要市场与政府、自发性与目标性

---

① 杨冬梅.创新型城市的理论与实证研究 [D].天津大学博士论文，2006.

等综合力量的推进。从历史实践看，西方发达市场经济国家越来越重视有目的的城市规划的制定，以引导城市的发展方向，说明政府导向的城市发展因素在增加。同时，政府导向比较强的发展中国家则越来越重视市场导向的因素，以克服政府主导的弊端。因此，长远意义的创新型城市的建设和发展将逐渐趋向混合型建设模式，采取自上而下和自下而上的有机结合。

第四章 国内创新型城市建设基本情况

一、国内创新型城市建设现状概述

推动现代社会发展的重要因素之一就是创新。因为城市是现代社会发展的核心地带,所以,发展创新型城市已成为时代发展的应有之义。进入21世纪以来,创新型城市建设在国际范围内日益高涨,特别是欧美发达国家更是提出了创新型国家的理念。为了紧跟国际先进发展潮流,我国发展创新型城市的任务变得紧要而迫切。

到目前为止,我国创新型城(区)试点已达45个。比较发达的城市如深圳、北京、上海、广州等已明确其创新型城市的发展目标,深圳作为首个国家级创新型试点城市,明确提出在2015年全面突破创新型城市建议目标。

针对国内创新型城市研究,课题组重点调研了北京市海淀区、天津市滨海新区、上海市杨浦区、重庆市沙坪坝区、西安市高新区等创新型城市试点。

(一)北京市海淀区建设现状

北京市海淀区创新城区建设主要集中在中关村地区。这里几乎集聚了我国最密集的科教智力资源,是中国改革开放以来最具创新活力的区域之一。海淀区创新型城区的建设和发展是改革开发的政策及世界第三次技术革命浪潮而催生启动的，并随着改革开放及市场经济的不断深入而快速发展的。

北京市海淀区创新型城区自1978年起经历了以下发展阶段：1978年，迎着改革开放的春风，中关村的第一批创业者，建立了以四通、信通、京海、科海为代表的一大批民营公司。并在1984年提出"依靠科学技术的进步，开发新型产业"的战略目标，最终形成了文明中外的中关村电子一条街。1988年5月，国务院鉴于中关村高科技群体的发展规模和条件，为加速其发展，批准发布了《北京市新技术产业开发实验区暂行条例》。在"电子一条街"的基础上，成立了北京高新技术开发实验区。这一时期，一批自有品牌的大公司如联想、方正等快速成长起来，搜狐、新浪等中国首批互联网企业也加入其中。1999年5月，为了全面贯彻"科教兴国"战略，经国务院批准，中关村正式更名为"中关村科技园区"，从此中关村进入一个飞速发展的时代。得到国家政策支持的中关村如虎添翼，在诸多高新技术领域取得了重大突破和成果。2006年，国务院在做出支持中关村科技园区的决策之上，批准了其新的规划范围，形成了"一区十园"的跨行政区的高端产业功能区，并辐射全国。2009年3月，国务院批复建设中关村国家自主创新示范区；4月批复在海淀区建设中关村国家自主创新示范区核心区。自此，创新城区成了新的发展方向与目标。

（二）天津市滨海新区等建设现状

天津市滨海新区位于天津东部沿海，交通优势明显，通过京津高速和城际快车形成京津冀1小时交通圈。滨海还拥有世界吞吐量第四的综合性港口——天津港。2005年，滨海新区上升为国家战略；2006年国务院在《关于推进天津滨海新区开发开放有关问题的意见》中批复其为全国综合配套改革试验区；2009年，国务院同意其为行政区。目前，滨海新区已形成航空航天、电子信息、生物制药、新能源材料等八大主导行业，有120家世界500强企业在此投资兴建280多个项目。2011年，新区生产总值6200亿元。滨海新区以高端产业集聚区、科技创新领航区、生态文明示范区、改革开放先行区、和谐社会首善区为目标，并力争在"十二五"期间生产总值突破1万亿元。

上海杨浦区位于上海市中心的东北部，地处黄浦江的北岸，现在已成为上海中心城区连通长三角的门户。2003年4月，上海作出建设杨浦知识创新区的战略决策。此后经过多年发展，杨浦知识创新区建设获得重大成果，经济结构和城区发展方式有了重大变化，科教资源和创新要素不断积累，自主创新能力明显增强，从一个老工业区成功蜕变为知识创新型城区。2010年1月，国家科技部正式批复杨浦成为首批国家创新型试点城区。杨浦逐渐走出一条依靠"三区融合，联动发展"、创新驱动的老城区内涵式发展转型之路。

重庆沙坪坝区地处重庆市区西部，是红岩精神的重要发祥地，区内高校、科研院所众多，文化积淀深厚，城区发展繁荣兴旺。区内有重庆大学城、"国家级重庆大学科技园"、国家级重庆图书馆、五云山寨学生素质教育基地等，是全国"科技工作先进区"、"国家级星火技术密集区"和"文化工作先进区"等。

西安高新区1991年成立，在20多年的发展进程中，走出了一条在我国西部内陆地区依托自主创新、发展高新技术产业的成功道路，被国家确定为要建成世界一流科技园区的六个国家高新区之一。此类高新区还有桂林高新区、重庆高新区等。它们各有自己的特色，在各自的地域范围内引领着高新技术产业的发展。

从2008年开始，我国每年都会发布新的创新型城市试点。在迄今为止的45个试点中，大部分试点都是整体城市，而有些试点则是"城中之城"，如北京的海淀区、上海的杨浦区、重庆的沙坪坝区、天津的滨海新区。这些创新型"城中之城"因其特殊性和资源的高集聚特性成了创新型城市发展研究的典型。

二、国内创新型城市建设的特征

通过对国内创新型城区现状的深入调研和分析，我们可以总结出国内创

新型城区建设的特征如下:

(1) 政策扶植力度大。国内创新型城区试点都是经国家批准而建设的。国家推出一系列特殊的优惠政策对其扶植,力度之大,世所罕见。中关村的发展首先就得益于政策的放开和扶植,它享有着某些政策先行先试的特权。天津滨海被设立为国家级保税区,天津市本地对其投入也是不遗余力。上海杨浦区与重庆沙坪坝区无不是沐浴着政策扶植的春风而迅速发展壮大的。

(2) 科教资源高度聚集。国内创新型城市试点一个显著特点便是科教资源高度集聚。北京海淀区集聚了30多所国家重点高等院校、100多家国家骨干科研院所、60多家国家工程中心和80多家跨国公司研发机构。这些国家级科教资源在北京海淀区高度集中,极大地成就了北京海淀区建设创新型城区的伟业。天津滨海作为一个新区,其原有科教资源并不密集,但其自成立后,通过各种政策手段新建、引进大量科教资源,业已成为科教资源高度集中的创新型城区。上海杨浦区具备百年大学、百年工业文明和百年市政文明的深厚文化积淀,区内高校数量超过上海市总量的1/3,复旦大学、同济大学等名校以及众多科研院所也坐落其中,也可谓科教资源济济一堂。重庆沙坪坝区科技教育更是发达,是长江上游科教文化名区,区内高校、科研院所云集。可见,这些创新型城区重视科教资源的作用,要么选址在此,要么汇集进来。

(3) 以科技创新为主。创新型城区的建设就是要进行创新。国内创新型城区的建设都是以科技创新为主。北京海淀区的科技创新从其历史沿革的名称即可表露无遗,无论是北京新技术产业开发实验区、中关村科技园区还是创新型科技园区。天津滨海新区要力争成为科技创新领航区,上海杨浦区和重庆沙坪坝也十分重视和强调科技创新。

(4) 强调产业化及产值效益。国内创新型城区强调科研成果的产业化,重视产学研用的结合。在各区的发展规划中,都有产值效益增长的明确目标和要求。并且在其宣传文件中,对产值增加情况着重介绍。这跟国家以经济建设为中心的战略相契合。

(5) 依靠引进带动创新。国内创新型城市建设虽然也培育自己的自主品牌企业,但大多以引进国外知名大企业来带动创新和发展。

三、国内创新型城市建设的成绩与不足

国内创新型城市建设在多年的运行和发展之后,取得了一系列的成绩,这些成绩促进了当地经济社会的快速发展。但同时,也显现了一些不良倾向,这些不良倾向有的尚存于理论逻辑之上,有些则已经造成了不良后果,足以使得后人警醒,并吸取其中的经验。

(一)国内创新型城市建设取得的成绩

国内创新型城市建设取得的成绩具体体现在以下几个方面:

1. 初步形成了成熟的创新型城市建设模式

通过对创新型城市的调查,我们发现它们基本形成了比较成熟的创新型城市的建设模式。

北京的模式可以概括为:已有的科教资源集聚——政策的自由与开放——民间探索与经营——一定的规模和水平——国家政策扶植提升——不断创新形成新的更大的平台——逐步完成创新型城市的目标。

上海的模式可以概括为:已有的科教资源集聚——废弃的老工业区——政府鼓励转型改造——达到了一定的水平——政策扶植提升——不断创新形成新的更大的平台——逐步完成知识型创新型城市的目标。

天津的模式可以概括为:地理区域优势——打造优势发展平台——汇集和整合科教资源——国家政策扶植——通过创新形成产业优势——逐步完成创新型城市建设的目标。

重庆的模式可以概括为:已有的文化教育基地及科教资源集聚——向民间开放的平台集聚能量——政策扶植提升——通过创新形成更大的发展平台——逐步完成创新型城市建设的目标。

可以看出,我国典型的创新型城市往往是建立在已有的历史的科教资源集聚和积累的基础之上的。然后在民间开放，经过充分的发酵，产生出无限可能的发展机会和能力，此时国家看到其表现，提供其适合的若干政策进行扶植，并疏通和理顺其繁乱环节使其更好更快地发展，得到政策支持的创新型城区有了更好的政策、资金、人才、技术等条件，有能力进行更大更全面的创新，不断形成其优势，建立起庞大的产业发展平台，逐步完成创新型城市建设的目标。在科教资源集聚方面，北京海淀区、重庆沙坪坝区、上海杨浦区表现得尤其明显，而天津则是通过现成的区域地理优势整合和汇集科教资源。但不管如何，科教资源集聚显然是创新型城市建设的根基。

2. 促进了高端科技进步及其产学研用一体化发展

大量的优质科教资源的集聚有助于提高高端科技成果的研发水平，促进了当地高端科技能力的进步。创新型城市的大量高新企业及其产业"孵化器"能让科教资源直接转化为生产力，让知识直接应用，让科研成果和专利等直接转化为产品。而成果转化的高效以及市场对成果转化的接收和检验，又会反馈到科教资源中去，使其更好地积累经验和发展。如何往复循环良性发展，就是我们所说的产学研用一体化的整体提升。

3. 为经济转型和建设生态社会提供了参考路径

我国经过数十年的粗放型高速发展，其弊端日益严重，尤其对环境的破坏程度已令人不堪忍受。建设生态文明社会必须进行改革和经济转型。创新型城市的建设就是转变经济增长方式，大力发展知识经济，以知识的智慧和高科技的能力来淘汰高耗能的产业。上海杨浦区的成功经验能更好地证明这一点。

4. 缓冲了我国资源配置及发展的不平衡问题

我国由于自然地理、历史发展、政策导向等原因，致使资源配置严重不平衡，资源配置的不平衡，直接导致了发展的不平衡。北京海淀区的科教资源总量与密度是这种不平衡的典型体现。创新型城市建设虽不能把北京海淀区的科教资源分散出去，但它能把其他地区分散的科教资源集中发挥效力，并辐射和惠及周边。每一个创新型城市的建设都是把自己建设成为一个科教资源大区。这些科教资源大区一旦建成并辅以国家的优惠政策，可以更好地汇集人才，集聚资源。北上广的资源优势就会随之下降，全国的资源配置平衡有可能得到实现。

（二）我国创新型城市建设的不足

我国的创新型城市虽然取得了很大的成绩，但还是存在着一些不足和问题，具体表现如下：

（1）重视科技创新、知识创新，忽视文明创新和社会文化及生态创新。从以上四区的创新型城市建设情况可以看出，其建设和创新往往集中在科技创新上，对文明创新和社会文化及生态创新则重视不足或刻意忽略。城市发展是一项综合工程，一个城市的优劣评价标准虽然与其经济指标和科技进步有极大的关系，但这并不是全部。城市秩序、道德水平、文明程度等更能反映一个城市的风气和面貌，而这则需要文明创新和社会文化及生态创新。可以这么说，知识创新和科技创新只是手段和过程，而文明创新和社会文化及生态创新才是我们创新型城市建设的最终目标。

（2）重视自上而下的推动，忽视自下而上的发动，基层的积极性有待提高。我国创新型城市建设大多是自上而下的政府推动模式，政府的积极性比较高，重视争取国家政策的扶持，或者制定本地的扶持政策，这对于创新型城市建设是非常必要的。但是，在创新型城市建设中还存在对基层的问题研究不足，对基层的经验总结不够，基层组织的积极性还有待提高等问题。

（3）重视科技园区和硬件建设，忽视创新环境的营造和创新系统的整体建设。自从有了创新型城市建设，各地力争成为建设试点，并调动本地区的几乎所有力量进行创新型城市的建设，尤其热衷于建设科技园区、招商引资、建设大项目，对人力资源开发、教育培训、专业服务以及改进政府的管理等基础性工作重视不够，没有从整体上构建适合本地情况的创新系统，导致创新型城市建设缺乏基础和后劲。

第五章 国外创新型城市建设情况

一、创新型城市建设的基本类型

鉴于创新型城市对区域乃至国家经济社会发展的重要作用,目前世界各国特别是以创新作为国家发展原动力的国家均十分重视对创新型城市的培育。20世纪90年代以来,西方发达国家逐步引入创新型城市发展战略,形成了诸如美国的波士顿、澳大利亚的悉尼、英国的伦敦、法国的蒙彼利埃等一系列创新型城市,这些创新型城市在支持相关产业发展、区域经济做出了突出贡献。同时,由于各国的经济文化背景存在一定差异,各创新型城市之间诸如自然资源、主要行业、科教资源等天然禀赋具有各自特点,因此逐渐形成了不同类型的创新型城市发展模式。

产业是城市发展的基础,创新型城市的所属产业会在很大程度上影响政府和市场这两种创新型城市核心塑造力。从国外主要的创新型城市发展实践来看,按照城市侧重的产业不同,创新型城市大体可以分为高新科技创新型城市、传统工业制造业创新型城市、服务业创新型城市和文化产业创新型城市。[①]

[①] 北京方迪经济发展研究院科技创新研究部. 国外创新型城市的主要类型及发展经验借鉴 [R]. 2010-09-02.

(1) 高新科技创新型城市。这类创新型城市通常以高科技产业为支柱、以科技园或创业园为主要创新载体、以高校高层次人才和技术为支持、以充足的融资为保障来带动区域经济的发展。在这一类型的创新型城市发展过程中，市场导向、投融资环境是影响其发展的主要力量，政府并不直接参与到创新型城市的塑造，而是间接地对该地区的产业进行支持从而辅助创新型城市的发展。该类创新型城市一般都拥有一流的科教资源，拥有一流的大学和研究机构，科技实力雄厚。国外这一类型创新型城市的典型代表就是我们熟知的美国波士顿的128号公路地区、美国圣何塞市的硅谷、加拿大的渥太华、印度的班加罗尔等。

(2) 传统工业制造业创新型城市。这类创新型城市在区位上一般不是中心城市，而均处于大城市周边地区，如此的区位特点可以便捷地使这些创新型城市利用到中心城市的人才、技术等资源，形成了"中心城市—工业创新城市"的双子式发展模式，以中心城市的人才技术资源作为发展动力，同时将发展成果反馈给中心城市，以此提高这些城市的竞争力。国外这一类型创新城市的典型代表是美国的堪萨斯、英国的哈德斯菲尔德、韩国的大田等。

(3) 服务业创新型城市。这类创新型城市的支柱产业通常是第三产业，城市的社会综合服务能力非常强。鉴于这类城市对于社会综合服务水平的需求，仅靠市场的力量是无法完全满足城市发展需要的，政府对于城市公共事业的支持是必要的，因此这类城市的发展通常是以政府主导为主、市场机制为辅的政府—市场混合导向型。政府在城市的发展进程中会致力于满足城市居民和外来游客的交通、购物、休闲、娱乐等社会需求，以推动城市的发展，塑造城市形象。国外这一类型创新城市的典型代表是德国的柏林、芬兰的赫尔辛基、日本的东京等。

(4) 文化产业创新型城市。这类创新型城市的创新活动主要偏重于文化艺术领域，文化创意类产业发达。文化产业创意型创新城市通常具有较强的区位优势，一般是一国经济最为繁荣发达的城市，有可能是一国的首都或大都市。因为，只有经济高度繁荣、能够成为一个区域甚至一个国家的经济中心，才有足够的人、财、物去发展位于上层建筑的文化创意产业。这类城市通常具有深厚的文化艺术底蕴，代表着一个地区、一个国家、一个时代的形象，因此，这类创新型城市的发展基本都是政府主导型。国外这一类型创新城市的典型代表是法国的巴黎、英国的伦敦等。

虽然，我们这里按照城市的支柱产业所属领域将创新型城市发展模式归结为四大类，但不难看出，目前国外主要的创新型城市往往具有以上的一个或多个发展模式特征，将某一城市严格局限在某种发展模式中比较困难，但通过以上分析不难看出，一个创新型城市的发展主要符合哪类发展模式，通常是由其"基础"、"政府"、"科教"、"文化"四大要素决定的。第一，一个城市自身的基础往往决定了该城市创新发展的方向和类型。创新型城市的发展建设都是在已有基础上进行的深化和拓展，因此，良好的、有特色的城市基础是建设创新型城市的前提。第二，政府的扶植是创新型城市重要的推动力。目前，国际上的很多创新型城市的建设都是在政府刻意扶植和引导下进行的。城市建设金融环境不成熟、风险投资不足，使得城市创新发展得不到有力的支持，此时政府的扶植就非常重要了。一般讲，除了政府对城市进行直接投资、制定相关优惠政策等直接手段外，也会采取诸如开放政府采购、提供政府订单等市场手段间接扶植创新型城市的发展。第三，高校作为创新型城市发展的人才保障，为以企业为创新主体的城市发展提供了科教原动力。第四，鼓励创新、容忍失败、加强合作、开放竞争是创新型城市文化的特征，这种文化氛围为创新型城市持续发展提供了良好的软环境。

二、创新型城市建设典型案例

（一）美国波士顿

作为信息时代高新科技创新型城市的典范，美国的波士顿具有全美一流的科技创新水平。总结波士顿高新科技创新型城市建设发展历程，不难发现：

科教资源和人才资源的集聚、完善的创新环境、充足的风险投资、政府的刻意扶植成为支持波士顿创新发展的四大主要力量。

（1）科教资源和人才资源的集聚。从科教资源方面看，波士顿拥有35所大学，其中更是包括了世界一流的哈佛大学和麻省理工学院，这些大学的科研力量是支持该城市发展的重要因素之一；从人才资源方面看，这些高等学府中的教师、研究人员以及毕业生积极地投入到城市的创新建设中，使得波士顿各大企业的研究和工作人员的受教育水平均位于美国前列；同时，波士顿这座城市也为这些勤于创新的人才提供了广阔的创业和就业机会。科教、人才资源的集聚以及波士顿这座城市对于这些资源的充分吸收利用，使得这座城市拥有得天独厚的科技创新能力，走高新科技创新型城市发展模式的源动力已经具备。

（2）完善的创新环境。波士顿拥有丰富的创新实践经验，创新文化深入人心，整座城市鼓励人们自由思考，激励人们不断创新，为波士顿营造了良好的文化氛围。同时，为了保护创新主体权益，波士顿建立了一套完善的知识产权法律保护体系，打消了创新者最后的后顾之忧，使得创新活动更为纯粹。另外，波士顿完善的基础设施，如完善的地铁网络等从硬件环境为波士顿的创新提供了便利，形成了具有波士顿特色的创新产业集群。

（3）充足的风险投资。创新不可能马到功成，其过程充满了失败与挑战，同时，创新也需要技术、硬件、软件等各方面的投入，因此通常需要雄厚的资本支持。与世界其他高新科技创新型城市相比，波士顿拥有非常完善的金融体系，风险投资不断寻找具有潜力的创新活动，这使得波士顿拥有充足的风险投资，这些投资为创新提供了强有力的资金支持；相应地，波士顿没有令这些风险投资失望，各领域的创新成果为这些支持创新活动的资本提供了丰厚的回报，这就促使了风险投资的进一步支持，久而久之形成了目前波士顿创新资本充足的良好状况，为该城市的创新发展提供了源源不断的资金支持。

（4）政府的刻意扶植。在波士顿走上创新型城市发展之路的过程中，其源动力主要在于科教人才集聚、风险投资的注入和完善的创新环境，但政府的作用依然不可忽视。虽然政府对波士顿创新发展的直接支持并不像其他城市那么直接明显，但大笔、巨额的政府订单无疑为波士顿的创新成果提供了稳定的市场，政府这种市场化手段间接地促进了该城市各种创新成果的转化，进一步鼓励了创新活动，从而推动这座城市快速发展。

（二）韩国大田

韩国大田的资源禀赋并不突出，甚至可以说它是一个资源相对匮乏、面积不大的小城市，但如今大田已被誉为"韩国硅谷"，是韩国建设创新型城市的典范与重要成就。

与波士顿相比，大田在创新型城市发展过程中更多地得到了政府的支持。20世纪70年代，韩国政府为了摆脱经济过分依赖加工型行业的状况，从根本上提高国家竞争力，投入15亿美元在大田市开发建设大德科学城。目前，大田聚集了韩国将近40所高等学府和近10个韩国一流的研究所，拥有高新科技企业2000余家，极大地支持了韩国经济的发展和科技竞争力的提升。大田之所以能够成为现今创新型城市的典范，离不开政府的政策扶植、完善的创新成果保护法律环境以及崇尚创新、宽容失败的创新文化氛围。

（1）政府的政策扶植。大田创新型城市的建立是由政府发起的，2000年大田市出台了诸如《大田市科技经济发展振兴规划》等一系列政策指导文件，这些文件中纷纷制定了大田科技发展的远景目标和发展规划，从政策环境层面保证了大田走创新型城市发展的道路。同时，大田市鼓励其高等院校、科研机构加强科研资源共享，特别是加强高校和科研机构的合作，促进科研成果的落地转化。另外，大田市非常注重对科技型中小企业的扶植，对具有创新能力和自主知识产权的中小企业提供有力的财政支持。

（2）完善的创新成果保护法律环境。大田市十分注重创新成果的保护，拥有非常完备的知识产权保护法律条例，通过严格执法来保障创新者的权益和创新成果的合理利用。对创新成果及创新者的法律保护，极大地鼓励了创新研发活动的进行和城市的发展。

（3）崇尚创新、宽容失败的创新文化氛围。大田市对创新的鼓励逐渐形成了崇尚创新、宽容失败的创新文化氛围，对创新活动中的失败有着特有的宽容性，使创新者勇于创新、敢于创新、不怕失败，从而促进了创新活动的可持续性。

（三）日本东京

与波士顿和大田相比，东京的创新型城市发展模式更趋近于服务行业创新，这使得东京成为亚洲地区经济最有活力的城市之一。对高新技术实行优惠政策、为高新技术产业提供金融服务、鼓励校企合作、促进交流研究成为支持东京这个以服务行业为主要支柱的创新型城市发展的主要动力。

（1）对具有自主知识产权、拥有较强创新能力的企业实行优惠财政政策。首先，对创新型企业减免设备税，降低企业设备采购成本；其次，允许电子设备进行大比例特别折旧，以促进创新型企业设备的更新换代；最后，还对信息产业增加贷款、进行减免技术开发资产税等。这些优惠政策大大减轻了创新型企业的创新成本，鼓励并促进了这些拥有自主创新能力企业的创新活动。

（2）为高新技术企业提供完善的金融服务。创新离不开资金的支持，为了促进高新技术企业的创新活动，东京为这些企业提供了长期限、低利息贷款，降低企业创新信贷成本。同时，为科技型中小企业提供 OTC 股票交易市场，为这些企业提供低门槛、便捷的上市融资渠道。充足的信贷资金和金融资本极大支持了东京高新技术企业的创新活动。

（3）鼓励校企合作。政府鼓励产业界与高校建立共同研究中心，并为校企联合项目提供财政补贴。同时，政府对于在创新活动中做出卓越贡献的个人给予丰厚的奖励，以鼓励企业、高校、个人的创新工作。

（4）促进交流研究。东京倡导研究机构之间进行人员交流，更鼓励增加国外研究人员的比例，以吸收和学习更为先进的技术。

（四）英国伦敦

伦敦的创新型城市发展模式是以其发达的文化创意产业为主要特征，这使得伦敦成为世界的金融、经济和创意文化中心。创意产业是伦敦的主要经济支柱，是近年来增长最快的产业，为了支持伦敦的创意产业发展，构建创新型城市，伦敦政府通过采取优惠政策促进文化创意产业发展、发展校—研—企合作式创新体系、营造城市创新文化氛围等手段，进一步加快伦敦的创新型城市发展进程，下面具体来说明这几点：

（1）政府出台相应政策并组织专门机构推动文化创意产业发展。英国政府自1994年就开始重视其文化创意产业的发展，并将该项工作提升到国家政策层面，并先后出台了若干部发展战略规划，提出"文化发展战略是维护和增强伦敦作为世界卓越的创意和文化中心的主要途径以及把伦敦建设成世界级的文化中心的目标"。同时，通过组建专门的创意产业委员会对创意文化产业进行专门的服务支持。此外，政府还通过完善金融服务、企业财政支持、完善知识产权保护等手段对文化创意企业进行大力扶植，凸显出政府力量在伦敦创新型城市发展进程中的导向作用。

（2）发展校—研—企合作式创新体系。为了推动创意文化产业发展，提高高校、研究院所创新成果的转化效率，伦敦鼓励发展校—研—企合作式创新平台来加强区域创新体系建设，并以这些区域为中心向外辐射，以提高区域和城市的影响力，进一步推广自身的文化创意产业。

（3）营造城市创新文化氛围。伦敦市积极营造创新文化氛围，将文化创新植入到公民生活，提供给市民接触文化创新的机会，为其文化创意产业的发展提供良好的外部环境。同时，伦敦市积极开展各类民间国际交流活动，学习吸收外界先进文化理念。英国的这种"全民创新"模式实现了城市创新发展内生性和可持续性。

三、国内国外的比较

（一）国内创新型城市与国外相似之处

通过对国外创新型城市的建设经验和典型案例分析，我们不难看出，创新型城市虽然各有特点，推动城市发展和创新活动的力量有所差异，但城市发展机制基本一致，即在优势产业或产业转型基础上，充分发挥区域内科教力量、政府导向，提供充足的创新资本以及创造良好的创新文化氛围，如图5-1所示。

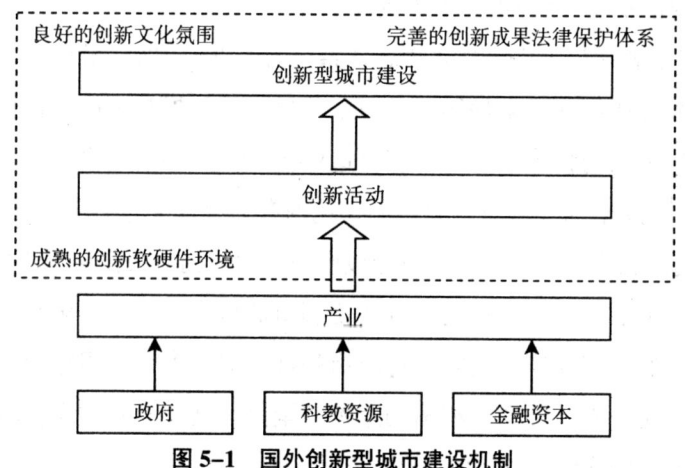

图 5-1 国外创新型城市建设机制

创新型城市的建设迎合了国家加速经济发展、促进产业转型、提升核心竞争力的需求，是经济社会发展的必然，因此，我国创办科技园区、开展创新型城市建设正是顺应了世界潮流，满足了国家发展的需要。我国在开始创办科技园开展创新型城市建设之时，相对于世界发达国家，科技、经济状况还比较落后，经济体制正处于由计划经济向市场经济转型过程中，市场机制尚不健全，因此，我国的创新型城市又具有中国特色，北京（海淀）中关村、上海、天津是我国建设创新型城市进程中的突出成就。

我国在建设创新型城市的过程中借鉴了国外的成功经验，通过对我国创新型城市建设的相关资料研究和实地调研，我国的创新型城市发展的主要类型与国外创新型城市基本一致，也可归结为科技创新型、工业制造业创新型、服务创新型和文化创新型四类，如表5-1所示。

表5-1　国内外主要创新型城市产业类型比较

城市＼类型	科技创新	服务创新	文化创新	工业制造业创新
美国波士顿	●		○	
韩国大田	●			○
日本东京		●	○	
英国伦敦			●	
中国北京（海淀）中关村	●	○	○	
中国上海	○	●		
中国天津	○			●

注：●表示创新活动主要类型；○表示创新活动次要类型。

同时，我国在创新型城市建设过程中也十分注重城市创新文化氛围的培育，鼓励创新、包容失败，让创新融入到城市的建设发展过程中。此外，尤其注重充分利用区域科教资源，以推动创新。中关村位于北京海淀区，这里有清华大学、北京大学等世界一流高等学府，与高校并存的还有很多高级研究机构，科教资源十分丰富，这直接支持了中关村的创新活动，推动了区域经济的发展，促进了北京创新型城市的建设；上海、天津的情况也是类似，大学、研究所等科教资源在其创新型城市建设过程中起到了重要的科技支撑作用。

但是，由于在创设创新型城市伊始，我国的经济体制正处于计划经济向市场经济转轨阶段，金融市场尚不完善，因此，推动创新型城市建设的市场力量相对薄弱，城市的建设、产业的转型主要是靠政府的扶植和引导，如表5-2所示。

表 5-2 国内外主要创新型城市导向

城市 \ 导向	政府导向	市场导向
美国波士顿	○	●
韩国大田	●	○
日本东京	●	○
英国伦敦	●	○
中国北京（海淀）中关村	●	○
中国上海	●	○
中国天津	●	○

注：●表示主要导向力量；○表示次要导向力量。

虽然表 5-2 显示了国外的很多城市也是政府导向型，但是由于其市场经济的发达程度较高，政府的推动力量虽然不可忽视，但在城市、产业发展过程中所占的比重相比我国要明显偏低。政府导向型的创新型城市建设有着很多优点，最为突出的就是城市建设、产业发展具有比较长远的规划，各类优惠政策、资金支持较为充沛，避免了由于我国市场机制不成熟带来城市发展产生偏误的可能。

（二）国内创新型城市较国外仍需改善之处

虽然我国在建设创新型城市的过程中取得了令世人瞩目的成就，但是与国外发展较为成熟的创新型城市相比，我国的创新型城市建设仍存在创新成果保护法律体系不健全、市场机制作用不足、金融服务不完善等问题，具体说来如下：

（1）创新成果保护法律体系不健全。国外通常拥有非常完备的知识产权保护法律体系，监管、执法严格，对侵害知识产权和创新成果的行为进行严厉惩处，如此体系可以保障创新者的权益和创新成果转化过程中的公平性，这使得国外创新主体没有任何后顾之忧，使创新活动毫无保留地进行。而我国目前对创新成果保障还没有一个健全的法律体系，特别是知识产权保护法尚存在很多不足，普遍存在细则不明、监管不力、对侵害知识产权和创新成果行为处罚力度偏低等问题，导致了创新主体需要自主保护创新成果的窘境，致使相当一部分创新主体不愿创新、不敢创新，极大地影响了创新活动的推进，直接阻碍了创新型城市的建设发展。因此，健全强有力的创新成果保护法律体系是推进我国创新型城市建设的下一项重要工作。

（2）市场机制作用不足。与市场经济发展成熟的国外创新型城市相比，我国的创新型城市发展过程中政府起到的作用占据核心主导地位，这在一定程度上是有违市场机制的。市场机制的主要作用在于其社会资源的优化配置，这也是市场经济所倡导的，让市场解决市场的问题。政府主导作用如果过强，有可能阻碍社会资源的有效配置，会影响创新型城市的长远发展。当然，在创新型城市建立初期，政府的扶植作用可以说是必需的，但到了一定发展阶段，还是应当转向市场导向，令市场机制左右行业的发展，此时，政府只需进行适度引导，就可以使已经具备了内生性创新力量的创新型城市健康、持续地发展。

（3）金融服务不足不完善。创新型城市发展的原动力在于创新活动，而创新活动往往需要充足的资金支持，特别是那些拥有自主创新能力的中小型企业更是如此。波士顿之所以能够快速发展，很大程度在于其发达的金融市场和充足的风险投资。然而，我国金融资本市场成熟程度较国外明显偏低，这给很多科技型企业特别是中小企业融资带来了困难，资金不充沛、风险投资注入不足，致使很多具有前景的创新技术无法实现，这对我国的创新型城市发展是相当不利的。虽然，我国A股市场放宽了中小企业上市融资的门槛，但与实际的创新资本需求相比仍相距甚远。因此，我国应为科技型企业提供更多的金融服务，拓宽这些企业特别是中小型企业的融资渠道，为创新活动的开展提供有力的资金支持，以此促进创新活动的实现，推进创新型城市发展。

第六章 政策先行 双轮驱动
——北京市海淀区创新型城区建设模式

一、北京市海淀区创新型城区建设的历史沿革

2010年1月,北京市海淀区被科技部确定为全国首批创新型城市(区)试点。海淀区建设创新型城区和中关村地区的发展密不可分,中关村地区具有多年的历史积淀和良好的建设条件。海淀区建设创新型城区,离不开中关村的不断改革和发展。

北京海淀中关村地区聚集了全球最密集的科教智力资源,是中国最具创新活力的区域之一。以信息技术为代表的世界第三次新技术革命浪潮的兴起,中国解放思想、改革开放的社会大变革,为中关村地区的发展提供了绝好的机遇。中关村的发展历史大致可以分为中关村电子一条街、北京新技术产业开发试验区、中关村科技园区、创新型科技园区和创新城区四个阶段。

(一)第一阶段:中关村电子一条街(1983年1月—1988年4月)

1978年,我们党召开具有重大历史意义的十一届三中全会,开启了改革开放历史新时期。沐浴着改革开放的春风,中关村迎来了第一批创业者。对于中关村乃至中国科技发展史来说,1980年10月25日是个值得纪念的日子,中国科学院物理所一室主任、中科院里最年轻的研究员陈春先和十个伙伴聚

集在物理所的一个破旧的仓库里,"偷偷"成立了一家全新的企业——北京等离子体学会先进技术发展服务部。其基本原则是:科技人员走出研究院所,遵循科技转化规律、市场经济规律,不要国家拨款,不占国家编制,自筹资金、自负盈亏、自主经营、依法自主决策。不过直到1983年初,陈春先的做法才得到中央领导的明确支持,在他的示范效应下,科研人员活跃起来,纷纷走出那道院墙开辟另一番天地,1984年,以四通、信通、京海、科海为代表的一大批民营科技公司先后成立,中关村电子一条街初具规模。在这些具有标志意义的变化后面,海淀区委区政府因势利导,主动为新办科技企业排忧解难。在1984年4月召开的海淀科技大会上,首次提出"依靠科学技术的进步,开发新型产业"作为海淀发展的战略措施和目标。经过多年的发展,到1987年,中关村地区的科技企业已有148家,闻名中外的中关村电子一条街初步形成。

(二)第二阶段:北京新技术产业开发试验区时期(1988年5月—1999年5月)

1988年5月,鉴于中关村高科技企业群体发展的规模和条件,为推动科学体制改革,加速高科技产业的发展,国务院批准发布了《北京市新技术产业开发试验区暂行条例》,并规定,以中关村地区为中心,在北京市海淀区划出100平方公里左右的区域为北京市新技术产业开发试验区的政策区范围,在"电子一条街"的基础上,中国第一个国家级高新技术产业开发区正式成立。1992年,邓小平同志发表"南方谈话",将改革开放推向新的高峰,全国掀起了第二次科技创业的热潮。为了适应科技创业新形势的需要,1994年和1999年,经国家科委批准,北京市分别两次对新技术产业开发试验区的政策区域范围进行了调整,形成了"一区五园"的空间格局。这一时期,中关村电子信息技术有了新的发展,出现了联想、方正等一批自有品牌的计算机,一批计算机汉化技术得到快速发展;20世纪90年代后期,出现了瀛海威、搜狐、新浪等中国首批从事互联网接入和增值业务的网络公司。

（三）第三阶段：中关村科技园区时期（1999年6月—2009年2月）

1999年5月，为了全面贯彻党中央提出的科教兴国战略，北京市人民政府和科学技术部向国务院报送了《关于实施科教兴国战略加快建设中关村科技园的请示》。1999年6月5日，国务院批复同意，并要求把中关村科技园区建设成为世界一流的科技园区。"北京新技术产业开发试验区"正式更名为"中关村科技园区"，中关村从此进入了一个非常快速的飞跃式发展阶段。批复后的中关村科技园区，得到政府的大力支持，使研发与创新实力得到进一步加强。在此后一段时期，中关村在集成电路设计、计算机操作系统等电子信息产业的高端环节取得了技术突破，在新材料、生物医药等产业领域取得了重要技术成果。

2005年8月，国务院做出关于支持做强中关村科技园区的决策，并于2006年批准了中关村科技园区新的规划范围，逐步成为"一区十园"跨行政区域的高端产业功能区，并辐射全国。

（四）第四阶段：创新型科技园区和创新城区（2009年3月—至今）

2009年3月，国务院批复建设中关村国家自主创新示范区；2009年4月，北京市批复在海淀区建设中关村国家自主创新示范区核心区。海淀紧紧围绕建设具有全球影响力的科技创新中心的目标，举全区之力推进核心区建设，取得了突出成绩。

当前，"创新城区"已经成为全球区域创新模式转型的新方向。新一轮的城市创新竞争已经在更高的层次展开，即从"城市的创新园区"到"创新园区型的城市"，这不仅是城市建设思维方式的转换，也是创新型城市建设的一次"范式变革"。为了适应和促进这种变革，海淀区积极促进功能区和行政区高度融合，即坚持"海淀区就是核心区，核心区就是海淀区"的发展思路，全面协调各种关系，统筹兼顾各种资源的开发，提升资源转化的效率和能力，高起点、高标准做好统筹规划,特别是将区域战略发展、产业发展和空间发展纳入一个综合框架中,做到有高度、有深度、有广度、有厚度的整体策划,服务区域创新。

二、北京市海淀区建设创新型城区的优势

(一)科教资源优势

中关村聚集了 41 所高等院校有 206 家国家骨干科研院所,112 个国家重点实验室,57 个国家工程技术研究中心,38 个国家工程研究中心,拥有近百万高素质的创新创业人才队伍和留学归国创业人员,其中留学归国创业人员的数量占到全国的近 1/4。

表 6-1 海淀区密集的科教资源

序号	机 构	数量(家)
1	高等院校	41
2	以中科院为代表的国家科研机构	206
3	国家工程技术研究中心(会分中心)	57
4	国家工程研究中心	38
5	国家级重点实验室	112
6	中关村开放实验室	超过 60
7	两院院士	524
8	大学科技园	26
9	留学人员创业园	34

注:表中数据截至 2013 年底。

(二)人才资源优势

中关村聚集了大批的院士、教授、科学家,还有大批的青年学生,每年 20 余万毕业生都是高科技企业所需要的人才资源,海淀园是中国智力最密集

的地区。海淀园高新技术企业人才队伍以知识型人才为主，高学历（硕士以上学历）的人才占 17.5%，主要集中于经营管理人才和技术研发人才，本科学历人才占 44.7%，受高等教育的人才达六成以上。目前，中关村共有中央"千人计划"人才 874 人，占全市近八成。"北京海外人才聚集工程"人才 368 名，占全市七成以上。

（三）政策优势

海淀区创新型城区建设具有非常优越的政策优势。中关村历来都是我国改革开放和政策先行先试的前沿阵地。2009 年 3 月 13 日，国务院批复建设中关村国家自主创新示范区，要求把中关村建设成为具有全球影响力的科技创新中心，这也是我国第一个国家自主创新示范区。中关村自主创新示范区各项先行先试政策为海淀区建设创新型城区提供了非常好的政策条件。

（四）金融及资金优势

2012 年 8 月，国家发改委等九部委和北京市联合发布了《关于中关村国家自主创新示范区建设国家科技金融创新中心的意见》，中关村将进一步建立并完善政府资金与社会资金、产业资本与金融资本、直接融资与间接融资有机结合的科技金融创新体系，加快国家科技金融创新中心建设。

（五）产业优势

中关村已经聚集以联想、百度为代表的高新技术企业近两万家，形成了以下一代互联网、移动互联网和新一代移动通信、卫星应用、生物和健康、节能环保以及轨道交通六大优势产业集群以及集成电路、新材料、高端装备与通用航空、新能源和新能源汽车四大潜力产业集群为代表的高新技术产业集群和高端发展的现代服务业，构建了"一区多园"各具特色的发展格局，成为首都跨行政区的高端产业功能区。

三、北京市海淀区建设创新型城区主要举措

（一）海淀区创新型城区建设的基本思路

海淀区创新型城区建设具有独特性。从海淀区的中关村电子一条街到北京市高新技术产业开发试验区，再到中关村科技园区，走过了20年的探索发展历程。2009年3月，国务院做出建设中关村国家自主创新示范区的重大决策，要求把中关村建设成为具有全球影响力的科技创新中心。2009年4月，北京市批复海淀区加快建设中关村国家自主创新示范区核心区。2010年，北京市海淀区被科技部确定为首批创新型城区建设试点单位。可以说，海淀区建设创新型城区一开始就站在比较高的起点上。海淀区创新型城区建设和中关村国家自主创新示范区建设紧密地融为一体，海淀区坚持"核心区就是海淀区，海淀区就是核心区"理念，抓住建设中关村国家自主创新示范区核心区的机遇，吸引和培植一批具有国际影响力的创新型企业，掌握和形成一批具有自主知识产权的先进技术和标准，成为国际领先高科技成果的策源地，培养和聚集一批世界级企业领军人才，成为高端人才创新创业的沃土，打造和培育一批国际知名品牌，成为一流品牌展示聚集的舞台，将中关村建设成为具有全球影响力的科技创新中心。

（二）海淀区建设创新型城区的总目标

海淀区于2010年8月正式发布实施《海淀区创新型城区建设工作方案》，方案提出了海淀区创新型城区建设的目标，并规定了六个方面的重点任务。建设目标是：到2015年，把海淀区建设成创新要素活跃、创新体系完备、高端产业发达、社会发展和谐、人民生活优越、生态环境友好的创新型城区，充分发挥首都城市功能拓展区作用，提升首都城市核心竞争力，在环渤海地

区乃至全国创新发展中发挥辐射、带动作用,在国家创新型城区建设中发挥示范和引领作用。具体包括四个方面:产业结构实现新提升,经济发展水平再上新台阶;初步实现"四个一批"发展目标,核心区建设取得重大进展;创新要素加快聚集,创新发展环境进一步优化;推广和应用一批新技术、新产品、新工艺,充分发挥科技对社会发展的支撑引领作用。

(三)海淀区创新型城区建设的主要举措

围绕创新型城区建设,海淀区主要开展了以下几项工作:

(1)建立推动试点工作的组织机构和制度。一是成立了专门领导机构。海淀区成立了由区委、区政府主要领导为组长,全区党、政、群、团近50个部门、单位为成员的海淀区国家创新型城区试点工作领导小组,全面负责领导、统筹、协调创新型城区建设工作,工作领导小组下设办公室负责日常工作。二是建立了市区会商工作机制。由北京市科委作为牵头单位,通过会商机制,加强对海淀区国家创新型试点城区建设的指导工作力度,共同推进海淀国家创新型试点城区建设事宜。三是开展考核评价。海淀区国家创新型城区试点工作领导小组办公室和政府督察室负责对创新型城区建设任务的完成情况进行督促检查,将重点建设任务逐项分解到39个相关单位,制订工作计划,确定工作联系人,定期检查总结工作完成情况和进度。

(2)大力推进体制机制与政策的先行先试改革。一是率先落实国务院关于中关村"1+6"系列先行先试政策。2011年,海淀区建立了核心区科技创新和产业化促进工作机构和机制,对接中关村创新平台,已向平台派驻13名工作人员。对于6项新政策,海淀园广泛宣传,协调推进。截至目前,累计有424家企业享受了试点政策。同时,积极组织实施高新技术企业的认定工作,全年新认定国家级高新技术企业602家,占示范区的47%。二是推进政府管理体制改革。从机构设置上实现海淀园管委会与区科委合署办公,今后还将继续在海淀园平台整合与产业相关的各项扶持与服务职能。另外配合全区深化行政审批制度改革,主要在办理企业设立审批、固定资产投资项目审批、高新技术企业认定以及人力资源服务四个方面进行改革探索。承接了12个市级职能部门19项审批权限下放，同时对区属19个职能部门、75项审批事项进行了整合，推动了"一科制"改革，转变企业服务模式。目前正在筹备新的海淀区行政服务中心，以全新的理念服务市场主体。

按照科学聚焦、引导放大、精简集中、规范透明、机制创新的修订原则，海淀区在延续部分原有政策的基础之上，结合新阶段国家、北京市和海淀区三个层面创新发展的要求，对涉及创新创业和产业发展的16项政策进行了整合、调整、优化。目前海淀区已经初步形成了"1+10"产业支持政策体系。新政策体系包括三个板块：一是环境营造与创新能力提升板块，主要是综合支持创新发展，含中小微企业、科技服务业、人才等支持办法；二是重点产业与重点企业支持板块；三是科技金融板块。新政策体系在支持方向上，一方面，优化创新创业环境，激发中小微企业创新活力；另一方面聚焦重点产业，整合全球资源实现创新发展。在支持方式上，一是资金扶持与优化政府服务相结合，着力改善发展环境；二是直接资助与股权投资、示范应用相结合，撬动社会资源；三是统筹整合与精简集中相结合，集中使用资金；四是转变单一项目评审方式，增强主动筛选，提高支持效率和效果。

（3）做好核心区发展规划和顶层设计，为创新型城区建设确定方向。编制完成《中关村国家自主创新示范区核心区中长期发展规划纲要（2011—2020）》、《中关村国家自主创新示范区核心区（海淀园）"十二五"发展规划》、《海淀区"十二五"高新技术产业发展规划》、《海淀北部地区研发服务和高新技术产业聚集区产业发展规划》、《海淀区"十二五"中关村科学城功能区发展规划》等发展规划。这些规划是核心区建设的顶层设计，为核心区建设的有序推进奠定了基础、提供了依据。

（4）加快产业功能区和创新平台建设。一是统筹规划产业空间布局。按照"南优北拓"的思路，统筹推进全区土地资源利用，优化和拓展产业发展空间，将海淀区产业空间分为北部研发服务和高新技术产业聚集区、中部研发技术服务和高端要素聚集区、南部高端商务服务与文化创意产业聚集区和西北部高端休闲旅游区，为产业集群建设和产业空间优化奠定了基础。二是加快高端人才创业基地建设。海淀区政府与中关村管委会、北京科技大学三方共建了中关村高端人才创业基地,专门为中关村战略性新兴产业领军人才、创业团队和企业提供创业服务。2011年12月1日,高端人才创业基地举行了首批企业入驻意向签约仪式,云计算、新材料、节能环保等领域的10家领军企业第一批入驻。三是大力推进中关村科学城建设。科学城的空间规划主要是指由知春路、学院路、中关村大街形成的H形的区域,一共是75平方公里。科学城建设的思路是,依托区内各主体单位的空间资源,在不新增土地供应的条件下,通过资源整合、空间整合、业态调整,释放新的产业空间,同时完成科技成果转化在第一阶段的转化和孵化的工作,并推进区域国际化进程。科学城的发展目标是形成一个万亿产值或者万亿元收入的区域。目前,科学城的工作机制主要是在部市会商和中关村创新平台下,成立专门的工作组,主要是由市经信委牵头,中关村管委会、海淀区政府、中关村发展集团等组成。目前已经签约四批48个项目,其中海淀40个,涉及建筑规模680万平方米,其中将有30%面积与社会共享,可为海淀区新增发展空间200多万平方米。总投资527亿,预计5年建成产业技术研究院9家、特色产业园31个。四是支持创业孵化机构发展。延伸孵化体系,创新孵化模式和孵化内容,支持建设了东升加速器、创新工场,与中关村管委会、北京科技大学合作共建中关村高端人才创业基地,截至2011年底,区域内科技企业孵化器35家,总孵化面积65万平方米,加速器4家,总面积27万平方米,大学科技园15家,产业集聚区11个,形成了由专业孵化器、加速器、留学人员创业园、大学科技园、专业基地和其他孵化服务机构组成的多元化创业孵化网络。

(5)构建创新体系,聚集创新要素,促进成果转化。从整体上优化支持创新的体系和环境,促进创新要素的聚集,加强产学研合作,积极促进项目落地和成果转化。①加强科技工作,推进知识产权工作。一是推进科技进步示范区工作,圆满完成年度科技进步考核,并获得先进;二是完善科技项目评审体系,健全筛选机制,建立全区统一专家库,并出台了相关管理办法;三是技术合同成交额、专利申请、授权保持较高增长。②推进人才特区建设。一是出台《海淀区推进人才特区建设若干措施》;二是通过各类的孵化器、加速器为人才创业提供综合的环境;三是为人才提供公租房配租服务,去年实现两批一共800余套公租房配租到位;四是继续加强博士后工作站、院士专家工作站工作。③强化海淀金融功能区特色。一方面,海淀区蓬勃发展的科技产业,为金融服务业和金融与投资产品的创新提供了良好的发展空间。另一方面,通过一些传统商业银行建立专营机构、小额贷担保、UCPE机构的聚集,以及为中小型科技企业量身定做的一些金融产品和服务的创新,也推动了科技产业的发展,形成了科技和金融双向的互利推动和共赢发展局面。④引进重点企业,促进项目落地。一方面,加大力度引进重点企业。引进一批总部型的企业,包括"三峡系"多家公司、京沪高铁、中国电力建设集团、中国教育传媒集团等;吸引一批科技领军企业,包括腾讯北方总部、小米科技、国美电子商务;聚集一批财务公司,包括中铝财务、中外运长航财务、大唐财务等。上述企业不仅成为区域创新网络重要补充,且相当一部分已开始形成较大税收贡献。另一方面,稳定现有大企业发展,包括在南北部的平台上面安排一些重点的项目,像电子科技集团、电子信息集团、大唐电信、联想、百度等。⑤推进产学研合作和成果转化。一是支持企业与高校科研院所合作建立新型产业技术研究院、研发中心、工程中心、重点实验室;二是探索知识产权拍卖等技术交易转化新模式;三是引导大学、科研机构孵化器提升服务功能,目前,海淀区孵化器、留创园、大学科技园占全市50%~85%。⑥加速创新要素聚集。实现中技所、软交所、中关村知识产权大厦、中关村国际数字设计中心、科技中介大厦、PE大厦、金融大厦挂牌运营,主要集中在中关村西区,完成了相关企业和机构在这些大厦的集聚。

(四)海淀区创新型城市建设的新思路

海淀区在前一阶段创新型城市建设的基础上,认真落实中关村国家自主创新示范区核心区建设的各项规划,根据中共海淀区委和海淀区政府关于创新型城区建设的需要,适时制定关于加快核心区自主创新和产业发展的若干意见。根据意见,海淀区创新型城市建设的重点是:①优化创新创业环境,大力提升创新水平;②完善高端产业发展格局,支持企业做强做大;③加快建设国家科技金融创新中心,促进科技与金融融合发展;④强化科技创新和文化创新"双轮驱动",巩固发展特色竞争优势产业,加快载体建设,打造重点产业功能区。

四、北京市海淀区创新型城区建设模式分析

(一) 海淀区创新型城区建设的特殊性

海淀区创新型城区建设具有特殊性,它是在建设中关村国家自主创新示范区的大背景下展开的,是中关村国家自主创新示范区的一部分,海淀区的创新型城区建设就是中关村自主创新示范区核心区的建设,创新型城区建设促进了核心区的建设,核心区的建设也促进了海淀区创新型城区的建设,两者是一个问题的两个方面,彼此不可分离。由于中关村自主创新示范区在全国的示范导向作用,中关村自主创新示范区建设必然受到中央、北京市等各级政府的高度重视,具备先天的有利条件。由于在中关村自主创新示范区中,核心区可以说具有举足轻重的作用,核心区代表了中关村自主创新示范区的实力和水平,核心区代表了中关村发展的方向。海淀区坚持"核心区就是海淀区,海淀区就是核心区"的发展思路,紧紧抓住中关村自主创新示范区建设的机遇,围绕核心区建设,利用各种有利的政策和资源,大胆推进各项工作的创新,取得了很大的成绩。可以说,海淀区创新型城区建设模式,就是核心区的发展模式,在很大程度上代表着中关村自主创新示范区的发展模式,其成功的经验,不仅对于海淀区的长期发展有着重要意义,而且对于中关村自主创新示范区的发展以及对于全国的示范引领都具有非常重要的意义。

(二) 中关村自主创新示范区的政策体系

中关村始终处于我国改革开放的前沿,许多创新的实践和政策都是从中关村开始的,可以说中关村是我国改革开放政策的试验场。中关村的发展,

最重要的优势之一就是政策的优势。凭借政策的优势，中关村的活力得到激发，资源得到聚集和有效利用。国务院批复建设中关村国家自主创新示范区以后，国家、北京市、海淀区以及中关村等几个方面的政策纷纷出台，形成了比较完整的支持自主创新的政策体系。

国务院批复建设中关村自主创新示范区，并采取以下政策措施支持中关村科技园区建设国家自主创新示范区。具体包括：开展股权激励试点、深化科技金融改革创新试点、国家科技重大专项项目（课题）经费中按规定核定间接费用、支持新型产业组织参与国家重大科技项目、实施支持创新创业的税收政策、组织编制发展规划。支持北京市人民政府积极利用政府采购政策，在中关村科技园区通过首购、订购、实施首台（套）重大技术装备试验和示范项目等措施，推广应用自主创新产品，支持企业自主创新。加强对中关村科技园区建设国家自主创新示范区的领导。财政部、科技部颁布了《中关村国家自主创新示范区企业股权和分红激励实施办法》。财政部联合颁布了《中关村国家自主创新示范区进行中央级事业单位科技成果处置权改革试点》、《中关村国家自主创新示范区开展中央级事业单位科技成果收益权管理改革试点》。国家发改委批复《中关村国家自主创新示范区发展规划纲要（2011—2020年)》。中组部等17部委颁布了《关于中关村国家自主创新示范区建设人才特区的若干意见》。随后，国务院批复了中关村国家自主创新示范区空间规模和布局的调整。国家层面的政策，为中关村进一步改革创新提供了政策先行先试的条件，对于促进中关村的自主创新具有极大的激励作用。

为了落实建设中关村自主创新示范区的各项政策，北京市委、市政府、市人大、市财政局等出台了一系列的配套文件和政策。北京市委、市政府颁布了《中共北京市委 北京市人民政府关于建设中关村国家自主创新示范区的若干意见》，提出举全市之力建设中关村国家自主创新示范区，并明确了开展先行先试的体制机制创新试点等十六条具体意见。《北京市人民政府关于同意加快建设中关村国家自主创新示范区核心区的批复》提出，通过发挥产学研用创新体系建设的示范作用、发挥创新要素聚集的示范作用、深化科技金融改革创新试点、开展行政审批制度改革试点等政策支持核心区建设。北京市人大通过并颁布了《中关村国家自主创新示范区条例》，规范了中关村国家自主创新示范区建设中的组织和个人行为。另外，北京市层面的政策还涉及示范区税收政策、中关村科技园区管理体制改革方案、加快建设中关村科学城、示范区高端领军人才专业技术资格评价办法、示范区企业登记办法、示范区技术秘密认定管理暂行办法、加强北京高校与中关村国家自主创新示范区企业人才互动工作的意见、示范区建设国家科技金融创新中心的意见、为中关村国家自主创新示范区发展提供司法保障的工作意见等。

中关村自主创新示范区层面制定了近60项有关具体政策。其中有27项是关于各类资金管理办法的文件，具体包括《科技重大专项资金管理办法》、《科技型中小企业信用贷款扶持资金管理办法》、《信用保险及贸易融资扶持资金管理办法》、《协会商会组织发展支持资金管理办法》、《大学科技园及科技企业孵化器发展支持资金管理办法（试行）》、《支持企业改制上市资助资金管理办法》、《股权质押贷款扶持资金管理办法》、《企业担保融资扶持资金管理办法》、《并购支持资金管理办法》、《技术标准资助资金管理办法》、《专利促进资金管理办法》、《企业购买中介服务支持资金管理办法》、《战略性新兴产业中小企业创新资金管理办法》、《商标促进专项资金管理办法》、《创业投资风险补贴资金管理办法》、《产业技术研究院支持资金管理办法（试行）》、《"十百千工程"专项资金管理办法》、《人才公共租赁住房专项资金管理办法》、《融资租赁支持资金管理办法》、《海归人才创业支持专项资金管理办法》、《国际化发展专项资金管理办法（试行）》、《海内外优秀人才创业扶持工程专项资金管理办法（试行）》、《大学科技园及科技企业孵化器发展支持资金管理办法（试行）》、《产业技术联盟专项资金管理办法》、《新技术新产品（服务）应用推广专项资金管理办法》、《高端人才创业基地支持资金管理办法（试行）》、《人才培训支持资金管理办法（试行）》等；有7项关于金融方面的支持政策，涉及信用贷款、留学人员创业企业小额担保贷款、知识产权质押贷款、新技术新产品推广应用金融措施、融资租赁、设立为科技企业服务的专营机构、支持重点培育企业的金融措施等方面。其他的政策包括试点区税收政策、高端人才聚集与认定政策、股权激励试点政策、重大科技成果转化和产业化股权投资办法、新技术新产品认定办法、标准化和商标工作以及面向企业"十百千"工程、"展翼计划"等。

在中关村政策体系之下,海淀区积极与中关村政策体系对接,对已有政策进行梳理,形成了"1+10"政策体系,使得中关村各项政策能够在核心区落到实处,取得政策预期效果。

(三) 中关村创新平台与"1+6"政策先行先试

"1+6"中的1就是搭建首都创新资源平台,6是支持在中关村深化实施先行先试改革的6条政策。

2010年12月31日,在中关村国家自主创新示范区部际协调小组领导机制下,"中关村科技创新和产业化促进中心"(简称中关村创新平台)在京成立。中关村创新平台由国家有关部门和北京市共同组建,重在进一步整合首都高等院校、科研院所、中央企业、高科技企业等创新资源,采取特事特办、跨层级联合审批模式,落实国务院同意的各项先行先试改革政策。

平台下设重大科技成果产业化项目审批联席会议办公室、科技金融工作组、人才工作组、新技术新产品政府采购和应用推广工作组、政策先行先试工作组、规划建设工作组、中关村科学城工作组和现代服务业工作组八个工作机构,19个国家部委相关司局和31个北京市相关部门派驻人员到平台办公,围绕重大科技成果转化和产业化项目、先行先试政策扶持等受理事项开展工作。

重大科技成果产业化项目审批联席会议办公室由科技部牵头,由12个中央单位和10个北京市属单位组成,负责北京市重大科技成果产业化项目统筹、部市会商、"十百千"工程;科技金融工作组由北京市金融局牵头,由8个中央单位和9个北京市属单位组成,负责优化投融资环境,聚集科技金融服务资源,开展科技金融创新试点,服务企业融资;人才工作组由北京市委组织部牵头,由6个北京市属单位组成,负责吸引海外人才,人才引进联合审批,高端人才遴选推荐,人才特区政策受理;新技术新产品政府采购和应用推广工作组由北京市发改委牵头,由5个北京市属单位组成,负责新技术新产品政府采购，推动重大应用示范工程，推动军事采购；政策先行先试工作组由科技部牵头，由13个中央单位和10个北京市属单位组成，负责股权激励试点，科研经费管理体制改革试点，支持创新创业税收政策试点，示范区高新技术企业认定试点，工商管理体制改革试点，社会组织管理体制改革试点，品牌和标准试点，企业检验检疫及通关服务；规划建设工作组由北京市规划委牵头，由7个北京市属单位组成，协调编制落实示范区空间规划，协调重大项目落地；中关村科学城工作组由北京市经信委牵头，由4个北京市属单位组成，负责推动特色产业园和产业技术研究院规划建设，发现、筛选、受理科学城重大项目，协调推动科学城项目落地实施；现代服务业工作组由财政部牵头，由4个中央单位和9个北京市属单位组成，负责现代服务业政策先行先试，推动现代服务业试点项目，建设现代服务业产业化基地。

6条先行先试改革政策是：中央级事业单位科技成果处置和收益权改革试点政策；税收优惠试点政策；股权激励试点政策；科研经费分配管理改革试点政策；高新技术企业认定试点政策；建设全国场外交易市场试点政策。改革试点政策的推出，调动了企业、高校、科研院所等主体的创新积极性，减轻了这些组织的经济负担，促进了自主创新。

（四）中关村人才特区建设

中关村人才特区是中央人才工作协调小组指导建设的第一个国家级人才特区，是全国人才特区的示范和样板。中关村国家自主创新示范区积极探索以"特殊政策、特殊机制、特事特办"的方式建设人才特区，构建灵活开放的体制机制，培育高层次人才创新创业的聚集地。中关村建设人才特区的主要做法是：依托"中关村创新平台"统筹推进中关村人才工作；加大对海外高层次人才的寻访和引进工作力度；开展特殊政策先行先试工作；营造良好服务体系；改革体制机制；开展政策创新；全面推动载体建设；"以才带才"发挥辐射和带动作用。尽管中关村人才特区建设开展的时间并不长，但中关村人才特区已在体制机制改革和政策创新方面取得一些方面的重要突破。中关村对海外高层次人才的吸引力不断增强，国内外高端智力资源加速在中关村聚集，人才总量快速增长。很多新创立的企业在短短几年内已快速崛起为行业龙头，带动了北京乃至全国战略性新兴产业的快速发展，进一步强化了中关村作为全国战略性新兴产业策源地的地位。例如，吴道洪创办了北京神雾热能技术有限公司，带领其研究团队将蓄热式高温空气燃烧技术原理引入中国，并率先在中国发明了"蓄热式烧嘴"技术，在中国节能燃烧技术的推广应用企业中业绩名列第一；碧水源同时拥有全套膜材料制造技术、膜组器设备制造技术和膜生物反应器水处理工艺技术与自主知识产权，国内市场份额在60%以上；精进电动专注于新能源汽车电机系统的研发和生产，技术水平世界领先，电机驱动系统单机功率为世界之最，单位重量所能产生的功率和转矩也为世界之最，产品大量出口美国高端市场。总体上看，中关村人才特区建设取得了明显的成效。

（五）科技金融工作进展

中关村以贯彻落实国务院关于建设中关村国家自主创新示范区的批复为核心，在聚集金融服务资源、完善技术和资本高效对接的机制、政策先行先试、科技金融产品创新等方面取得重大进展。在全国率先设立了创业投资引导资金，实施创业投资企业风险补贴政策，研究促进天使投资发展，搭建了创业投资促进工作平台；搭建了专门服务于中小型高新技术企业的贷款担保平台，设立了担保贷款绿色通道，组织发行高新技术企业集合信托计划、企业债券、短期融资券、中期票据等，积极开展信用贷款试点和信用保险及贸易融资试点，体现企业信用价值；设立中关村小额贷款引导资金，支持小额贷款在园区的设立和发展；实施改制上市资助政策，促进具有一定规模企业的产（股）权流动，使企业借助资本市场进一步做强做大，积极开展中关村企业股份报价转让试点，搭建产（股）权交易平台和专业化的企业改制上市服务平台。

进一步完善了政府资金与社会资金、股权融资与债权融资、产业资本与金融资本有机结合的中关村科技金融体系，中关村科技金融工作成为北京金融工作的新亮点。"一个基础、六项机制、十条渠道"的中关村科技金融体系初步形成。"一个基础"是指以企业信用体系建设为基础,以信用促融资,以融资促发展,将中关村建设成为信用首善之区。"六项机制"是指技术与资本高效对接的机制。一是信用激励机制。中关村积极实施以企业信用为基础的中小企业流动资金贷款解决方案,突出了信用产品在银行信贷决策和风险管理中的作用,对于信用良好企业,积累的信用等级越高,对企业贷款利息补贴比例越大,企业综合贷款成本也越低,体现了信用的激励机制,园区企业信用意识不断提高。二是风险补偿的机制。中关村投融资政策聚焦企业首次融资环节,针对制度缺陷和市场失灵导致技术与资本对接效率不高的问题,建立了风险补偿的机制,在有关担保融资、信用贷款、创业投资等方面的公共政策中,一方面给予企业一定的贷款贴息支持,另一方面给予银行、担保机构和创业投资机构一定的风险补贴,发挥财政资金在降低风险环节的杠杆作用,提高金融机构的风险管理能力,促进其向更多的科技企业发放贷款和开展业务。三是以股权投资为核心的投保贷联动的机制。为解决金融机构与科技企业信息不对称、风险与收益不对等的问题,中关村积极构建联合业务创新的"投保贷"联动机制,推动贷款业务与创业投资业务紧密结合,使银行、担保、小额贷款机构等信贷资金提供者在承担风险的同时可以分享科技企业未来高成长中带来的高收益。四是银、政、企多方合作机制。中关村投融资工作的开展始终坚持由政府部门、金融管理机构、商业银行、信用中介机构和企业共同合作的方式,按照"政府引导、市场运作、财政扶持、风险自担,持续经营,多方共赢"的原则,通过信用评级、银行贷款、政府贴息、中介服务支持等措施,整合各方资源,建立方便中小型科技企业融资的绿色通道。五是分阶段连续支持机制。针对处于不同阶段企业的条件、特点和融资需求,中关村采取了不同的政策措施以促进高新技术产业的发展壮大。六是市场选择聚焦重点机制。突出市场在资源配置中的作用,通过市场机制筛选出重点企业,政府相关部门围绕重点企业制定有针对性的综合融资政策,调动银行资金、创业投资、保险资金、产业投资基金等社会资金对重点企业给予支持。"十条渠道"包括天使投资、创业投资、境内外上市、代办股份转让、担保融资、企业债券和信托计划、并购重组、信用贷款、信用保险和贸易融资、小额贷款。

2010年底，中关村科技创新和产业化促进中心（中关村创新平台）正式成立，平台下设科技金融专项工作组，成员单位包括财政部、国家发改委、科技部、中国人民银行、中国银监会、中国证监会、中国保监会、国家外汇管理局、人民银行营业管理部、北京银监局、北京证监局、北京保监局、市金融局、市发改委、市经信委、市知识产权局、市科委、中关村管委会等部门，形成了中央、北京市、区县协同推进的中关村科技金融工作体系。

在中关村形成了创新性金融机构和科技中介机构集聚的态势，一大批银行、投资机构、保险公司、证券公司、担保机构、小额贷款机构、资产管理公司、信托公司、金融租赁公司、会计师事务所、律师事务所、资产评估事务所、信用中介机构、知识产权中介机构、产权交易机构等金融机构和科技中介机构在中关村设立和发展。我市初步形成了中资金融机构在金融街、外资金融机构在CBD、科技金融机构在中关村聚集的发展态势。

针对信用体系建设、科技信贷、股权投资、改制上市四方面的工作，建立了示范区企业和各类金融机构之间的沟通机制。中关村管委会会同相关部门推出了"信用中关村"、"信贷创新中关村"、"创业中关村"、"走进中关村"四大系列的中关村科技金融品牌活动，在推动金融机构信贷创新产品、搭建银企合作桥梁、缓解科技型中小企业融资难等方面发挥了重要作用。

（六）中关村的创新与创业

中关村已完成了从中国科研中心向中国创新中心的转化，并向具有全球影响力的科技创新中心迈进。中关村形成了包括技术创新、商业模式创新、产业组织创新、体制机制创新的创新发展模式，初步探索形成了具有中国特色的自主创新发展经验，创新引领的示范带动作用不断增强。特别是国务院批复以来，中关村大力推进政策先行先试，启动建设中关村科学城、未来科技城和南北两个高技术产业聚集区，标志着中关村的创新发展进入了新阶段。

作为我国科教资源最丰富、创新能力最强的区域，中关村在多年的发展过程中，逐步探索出一条以企业为主体、市场为导向、产学研相结合、技术创新为核心的高技术产业发展道路，引领我国高技术创新发展方向，成为我国高技术产业的策源地。

无论是在创新投入和创新产出方面，中关村都走在了全国的前列。创新人才总量大、素质高，高端创新人才不断聚集，吸引了大批海外和国内的高端人才在中关村创新创业。科技活动经费投入不断增加，特别是企业对科技活动的投入稳定增长。创新产出方面，专利申请书、专利授权数均连年增长，中关村示范区内企业积极参与重要国际标准的制定，中关村技术交易额及项目数占全国的30%以上。自主创新产品数占全国的1/5以上，新产品销售收入占比超过50%，稳居全国的前列。

近年来，随着高端创新资源的不断积累，中关村企业不断创造出新的商业模式或新业态。从价值链的角度看，中关村的商业模式创新可分为四类：基于产业价值链融合的商业模式创新；基于产业价值链上下游的商业模式创新；基于产业价值链分解的商业模式创新；基于价值链重构的商业模式创新。

在多年的发展过程中，中关村在各级政府机构的积极推动引导下，展开全方位、多主体、多形式、开拓性的产业组织创新，成为发展中国家高技术产业及创新型经济发展的典型代表。

中关村率先涌现出一批具有产业组织能力及创新影响力的龙头企业、平台企业、源头企业以及金融企业，它们构成了中关村产业组织创新的关键力量。

高校院所主导建立了产业技术研究院、大学科技园和技术转移中心三种产业组织形态，成为中关村产业组织创新的重要支撑。产业技术研究院将成为产业共性技术的源头，大学科技园成为自主创新及产学研合作的重要载体，技术转移中心成为科技成果转化的直接推动者。

中介组织是中关村产业组织创新的重要主体。中关村积极发挥产业技术联盟、行业协会等枢纽型社会组织以及科技企业孵化器、留学人员创业园、企业加速器等科技中介的桥梁作用、平台作用，使中介组织构成了中关村产业组织创新的重要主体。产业技术联盟将产学研合作推向战略层面，各类协会充当产业发展的桥梁及纽带，科技企业孵化器成为创业孵化的核心载体，留学人员创业园成为高端人才创新创业的首选之地,企业加速器成为创业孵化的新兴形态。

中关村率先在全国涌现出一批高端产业组织者。中关村在发展创新经济的过程中,创业者、投资者、管理者更加专门化,逐步出现了一批系列创业者、职业经理人、天使投资人、高端创业者、风险投资家等具备产业组织能力的高端人才,他们通过创业、投资、孵化等方式加速了新兴产业的发展,成为支撑中关村产业组织创新及产业发展的重要力量。中关村率先出现将创业内部化的产业组织,率先出现以创业为生的系列创业者,涌现出一批独立创业的职业经理人,涌现出一批从产业链高端切入的创业者,涌现出一批专注新兴业态的天使投资人,涌现出一批按产业链投资的风险投资家。

中关村在企业注册登记、高新技术企业认定、股权激励个人所得税分期缴纳等关乎企业创办与发展的重要环节上,率先推出一系列突破性的先行先试政策措施,为创业企业提供了最优的政策环境。高新技术企业认定试点,使初创企业可直接受益;税收优惠试点政策,有效降低了科技型创业企业成本;多条企业登记管理新规定,放宽了中关村创业企业的注册登记条件。

中关村出台了《中关村国家自主创新示范区大学科技园及科技企业孵化器发展的实施意见(试行)》,鼓励、支持大学科技园、科技企业孵化器、留学人员创业园等创新创业孵化机构开展技术成果转化、提供增值服务、公共服务平台搭建、关键共性技术服务平台建设、产业集聚发展等工作,并鼓励大学科技园和科技企业孵化器建立孵化退出机制,优化孵化资源的配置等。按照《中关村国家自主创新示范区创业投资风险补贴资金管理办法》,中关村管委会实施对创业投资机构的风险补贴政策,对投资中关村示范区初创期科技企业的创业投资机构,按照其实际投资额的10%给予风险补贴。加大对创业企业的资金支持,设立中小企业创业投资引导基金,对创业企业进行投资。设立中介服务支持资金,支持中介服务企业提升自身水平,为创业企业提供信用中介服务(评级报告、征信报告)、知识产权代理中介服务(商标和著作权)、认证中介服务、并购服务等。

在创业服务方面,中关村涌现出十大新型创业服务模式。分别是:①创新工场:"早期投资+全方位孵化服务"模式;②车库咖啡:"创业者开放服务平台"模式;③常青藤创业园:"创业教育+创业辅导+常青藤计划";④汇龙森孵化器:"平台建设+产业聚集+创业投资"模式;⑤博奥联创:"创业导师+持股孵化"模式;⑥清华科技园:"四聚模式+创业投资+创新体系";⑦联想之星:"创业培训+天使投资+创业联盟"模式;⑧亚杰商会:"公益性创业辅导平台"模式;⑨海淀创业服务中心:一个中心、两个突破、三个平台、六项服务;⑩丰台创业服务中心:"5+2"模式等。

(七)促进高端产业集群发展

北京市"十二五"规划提出打造"两城两带",即加快建设北部研发服务和高技术产业聚集区、南部高技术制造业和战略性新兴产业聚集区,集中力量打造中关村科学城和未来科技城,使之成为首都自主创新、高端产业发展的战略高地和具有核心竞争力的品牌区域。

中关村积极发挥示范引领和带动作用,形成了与各区县优势互补、协同发展的格局,不断推动科技成果产业化和产业结构升级,成为北京市科技创新和战略性新兴产业发展的核心载体。按照国务院和北京市关于加快培育和发展战略性新兴产业相关文件的要求,示范区明确了重点发展的八大战略性新兴产业,积极优化产业布局,大力推进科技成果产业化,加快促进高端产业集群发展。具体落实了以下三方面的工作:

(1)研究编制《中关村国家自主创新示范区空间范围和布局规划》。在中关村示范区已经形成的"一区多园"各具特色发展格局的基础上,重点加强中关村科学城、未来科技城和南北两个产业聚集区的发展建设,加快高新技术企业和高端产业集群发展,拓展新的发展空间。

(2)研究建立产业布局调控机制。起草了《中关村国家自主创新示范区重大产业化项目布局调控指导意见》、《中关村国家自主创新示范区重大项目落地工作机制》等政策文件,进一步明确了示范区各分园的产业定位,提出了制订产业指导目录、建立项目准入和退出机制、开展研产分离试点等政策措施,加强了产业布局优化工作力度。

（3）按照空间布局明确的产业定位落地了一批重大项目。重点推动汉王科技、德信无线、利亚德、合众思壮、天宇朗通等企业落户，推动数码视讯、闪联、电子控股等一批重大项目在顺义、密云、平谷顺利落地，组织创业板、中小板37家上市公司与相关区县对接，落实用地需求。

中关村科学城自2010年9月启动建设以来，截至2012年5月底共46家科学城项目建设单位规划组建了48个新型产业技术研究院和特色产业创新园，280多家企业及机构入驻科学城，搭建了130多个公共服务平台，80个联合实验室、联合研发机构和中试基地，吸引了一批国内外行业领军企业总部和研发中心入驻，推进了一批重大科技成果落地转化和产业化，形成了高校、科研院所、企业、高端人才、社会组织及政府"六位一体"的协同创新。

（八）中关村产学研合作

近几年来，中关村在产学研合作方面进行了大量探索，初步形成了企业、大学、科研机构、政府、中介机构等各种创新主体积极参与、市场化运作的产学研合作格局。中关村的产学研合作模式主要有：

1. 共建联合实验室（研发中心）的产学研合作模式

企业与大学或科研院所设立实验室或研发中心是比较常见的一种产学研合作模式，这种模式使企业能够对科研院所专业领域的技术创新进行持续投入，也使科研活动更贴近于市场需求，缩短产品化周期，同时还能够为企业储备技术和人才，是产学研合作体系中针对技术需求和供给对接最有效的方式之一。

2. 联合承担国家重大项目的产学研合作模式

随着国家中长期科技发展规划的制定和逐步实施，从国家层面继续加大对企业自主创新活动的支持，鼓励企业与大学、科研院所参与国家科技计划项目的实施。对于重大专项和有产业化前景的重大项目，优先支持有条件的企业集团、产业联盟牵头承担，或由企业与大学、科研院所联合承担，建立以企业为主体、产学研联合的项目实施新机制。

3. 大学/科研院所衍生企业与技术来源机构之间的产学研合作模式

从大学和科研机构衍生的创新型公司是实施技术转移与产学研合作的重要类型。这种衍生公司的创业人员、进行商业化的技术，甚至所使用的实验设备、资料等资源都与大学或研究机构有着密切联系。

4. 以产业联盟的形式进行标准创制、共性技术攻关的产学研合作模式

多家企业和科研机构围绕技术标准创制、共性技术攻关，在产业化前、产业化过程中、产业化成熟阶段组建相应的产业技术联盟，集中优势力量实现技术联合创新，共担风险，共享利益。产业技术联盟已成为市场推广和技术大规模产业化、商用化的重要推动力量和核心区产业集群的重要基础。

5. 以大学科技园和专业孵化器为载体的产学研合作

目前，核心区已建成10多家大学科技园和近40家专业孵化器。这些大学科技园和专业孵化器为创业型企业提供了生存空间，提供了创业阶段所需的各类商务服务，引进了担保公司、创业投资基金等多种金融服务机构，承担了大量企业与政府部门的沟通工作，同时还设置了专业化的公共实验和检测设备为企业提供服务，为创业企业开展产学研合作、实现技术转移提供了良好环境。

6. 以人才培养和交流为主的产学研合作模式

核心区通过建立企业博士后工作站、流动博士后工作站、实习基地等方式，实现企业与大学、科研机构之间以人才培养和科技人员交流的形式进行产学研合作。

7. 国际化的产学研合作模式

国际化元素已注入到核心区的产学研合作中，目前已有40多家跨国公司在核心区设立研发中心，大批留学生回到核心区创业，国际性科研组织纷纷抢滩核心区。例如，IEEE与海淀区政府、教育科研机构、企业组织在科研、教育培训等方面进行了广泛合作，有力地推动了核心区与世界前沿科技的同步发展，提升了科技人才素质和技术水平，加速了企业国际化进程。

(九) 中关村区域创新体系

从创新体系的特点上看,中关村区域创新体系基本上属于网络型区域创新体系。中关村区域创新网络除具有一般区域创新体系的网络组织性和动态演化性等共性特点外,特殊的资源优势和特定的发展历程还使其形成了独具特色的一面,其主要特点有:

(1) 知识创新的基础性。区域智力资源密集是中关村最大的特色,立足和发源于本地的知识创新也是中关村区域创新网络区别于其他地区创新体系的最大特点。从早期中科院计算所倪光南、柳传志等创办联想,再到北大计算机研究所王选等创办方正,中关村一大批企业的产生、海淀园的创新与发展,都与本地大学和科研机构的知识创新密不可分。近年来,神舟六号、神舟七号、曙光计算机等一批重大知识创新成果的涌现,也对企业的技术创新产生了重大推动。

(2) 创新创业文化的根植性。30年来,从第一批科技人员下海,到第一家不核定经营范围的企业,再到全国率先举办项目管理培训等,中关村走出了无数个全国"第一",正是这种勇于实践、勇于创新的文化理念,引领中关村不断创新发展。时至今日,崇尚知识、开拓创新、不断进取的创新创业文化,已经成为中关村的代名词。"勇于创新、宽容失败"的创新创业文化已成为中关村特色自主创新体系的核心要素,成为推进中关村不断发展的强大动力。

(3) 创新由技术驱动向市场驱动转变。中关村发展早期,创新起源于对科研院所零星技术成果、国外技术成果的产业化应用,具备典型的技术驱动特点。随着创新体系的不断完善,区域内产学研各类创新主体的日益结合,企业技术创新的主体进一步确立,创新的导向发生了根本性的转变,创新主体开始更为关注市场需求,关注产业竞争的需要,以满足市场需求为目标。

(4) 产业联盟成为推动区域创新网络的主力军。中关村区域创新网络的一种重要表现形式是中关村产业联盟,如出口软件联盟、长风联盟、下一代互联网联盟等市场合作联盟,闪联联盟、TD-SCDMA联盟、AVS联盟等产业联盟。这些产业联盟增强了区域创新网络,联合了区域外的创新资源,提高了区域创新能力。中国科学院计算所研发的 AVS 数字音视频技术标准，技术上达到国际先进水平，但产业链不完善，在与国外企业竞争中处于不利地位。2004 年，中国科学院计算所联合 TCL、华为、海尔等 12 家国内电子制造企业发起成立 AVS 产业联盟，共同推动国内技术标准的商业化，成效显著。

（5）标准制订成为区域创新网络发展的新方向。中关村企业联合相关科研机构主导、参与制定了一大批国家标准和行业标准，如联想集团联合国内其他企业提出的"闪联标准"荣获中国标准创新贡献一等奖，在 2008 年成为国际标准。大唐集团拥有 TD-SCDMA 技术标准的关键技术和主要知识产权，通过区域创新网络，大唐集团与合作企业免费提供所持有的相关技术和知识产权，帮助它们开发上下游产品，使得相关企业能迅速进入该产业，提高了创新要素的配置效率。

（十）核心园区发展带动

中关村自主创新示范区的发展壮大，是在中关村电子一条街的基础上逐步发展起来的，中关村海淀园是核心园区，其在整个中关村自主创新示范区的带动作用是非常明显的。中关村海淀科技园区积极推进产学研协同创新、完善金融创新服务体系、提升园区国际化水平、加快政府管理服务创新，带动整个中关村自主创新示范区的持续发展，实现建设成具有全球影响力的科技创新中心目标。

1. 深化产学研协同创新

中关村地区大学、科研院所创新资源聚集，但产学研各主体结合不够紧密，创新成果转化不足制约着园区自主创新能力的进一步提升。海淀科技园区主要从以下三个方面来开展工作：

（1）完善产学研合作平台。调研、梳理园区产学研重点资源，建立海淀科技园产学研合作数据库和海淀科技园产学研合作信息网，完善园区产学研合作的互动和交流平台，促进产学研合作的开展。

（2）推进产学研合作示范基地建设。完善大学科技园等专业园产学研合作的政策措施体系，探索产学研合作的有效模式，促进技术转移和创新成果转化，逐步认定、挂牌一批产学研合作示范基地，并择优推荐成为国家级产学研结合示范基地。

（3）健全产学研合作中介服务体系。推进中关村海淀科技园区中介服务联盟的发展，加强各中介机构的协作与服务链打造，形成支持产学研合作及创新成果转化的全程服务链条。

2. 完善金融服务创新体系

通过完善金融服务创新体系来促进企业的发展壮大。海淀科技园区主要从以下四个方面来开展工作：

（1）大力推进创业投资业发展。探索创业投资引导基金的运作模式，通过设立风险补偿和管理补贴基金等方式，加强对创业投资企业的扶持和引导。

（2）促进企业利用多层次资本市场融资。成立专门机构，围绕企业上市的需求，做好推荐、培训、协调等相关服务，推进园区企业通过捆绑、并购重组等方式在国际资本市场、主板、中小板及创业板市场上市。

（3）完善信贷融资服务体系。促进金融机构积极开展中小企业贷款业务，推进海淀投融资信用系统试点建设工作，开展知识产权、信用保险、科技保险等多种担保试点，缓解企业缺乏资产抵押和难以获得信用担保的问题。

（4）健全投融资中介服务体系。加强对技术经纪、科技项目评估、信用评级等各类投融资中介服务机构的培训、资质认定等工作，促进其专业化、规范化发展，以形成投融资业务开展的有力支撑。

3. 提升园区国际化水平

国际化发展是海淀科技园区打造科技产业生态环境的内在要求，也是海淀科技园区成为世界一流科技园区的标志。近年来，海淀科技园区主要从以下三个方面来提高园区国际化水平：

（1）完善 iBridge Web2.0 服务体系建设。2006 年，中关村海淀科技园区开始建立沟通信息的网络平台——iBridge。iBridge 的含义是信息的桥梁，是中国第一个在 Web2.0 理念下，结合高新区的特点，基于会员制、社区、博客体系建设的工作平台，可以为注册用户提供多种信息服务。应该继续完善 iBridge Web2.0 服务体系建设，加强 iBridge 网络的培训、宣传与推广，健全人脉体系网和信息服务体系网，以整合区域资源，为促进区域创新、打造科技产业生态环境发挥积极的作用。

（2）加大鼓励园区企业实施"走出去"战略。"走出去"有多种含义，包括企业设立海外分支、参与国际并购、承接研发外包、获取出口担保、项目考察等。联想集团通过并购 IBM 全球 PC 业务发展壮大自己是一种形式的"走出去"。另外，闪联标准同时被 Intel、IBM、Microsoft、SONY 等国际巨头特邀参加"数字家庭"国际标准的起草和制定工作，这是"走出去"的另外一种形式。海淀科技园区通过资金支持、税收等多种方式加大对园区企业实施"走出去"战略的支持。

（3）吸引国际金融机构入驻中关村科技园区。充分利用跨国银行广泛的国际网络和一体化的资金传输系统，为园区企业国际化道路提供服务。海淀园的科技型企业和跨国银行在国际化道路上共谋发展。

4. 加快政府管理服务创新

中关村海淀科技园区能够不断实现自我超越的一个重要原因在于政府及其职能部门扮演着重要的"服务"角色，而不仅仅是管理者的角色。海淀科技园区主要从以下三个方面来提高园区的国际化水平：

（1）创新政府服务内容。加快转变政府管理职能，以平台服务、资源整合及创新创业环境完善为重点，增强政府服务能力。变偏重对单个项目、单个企业的支持为对公共平台、对金融与人才等要素环境的支持，推进公共技术、知识产权、国际交流合作、高端人才引进与培养等各类平台的建设。

（2）探索政府服务新模式。健全政府服务体系，加强与社会中介机构的合作，构建企业生存、发展所需的紧密服务链条，提升园区管理决策和服务水平，为区域内各类主体提供专业化、规范化、系统化的服务。在管理结构上，积极探索联合治理机制，加快推动园区管委会由科层治理模式向扁平化的联合治理模式转型。

（3）加强与相关政府部门的资源对接。充分利用国家经济政策和宏观调控部门在北京高度集中的优势，进一步加强与海淀区、北京市以及国家相关政府部门的沟通联系，积极利用好中央在京资源，助推园区发展。

五、北京市海淀区创新型城市建设模式及经验

在建设中关村国家自主创新示范区的背景下,海淀区坚持"核心区就是海淀区,海淀区就是核心区"理念,在中央、北京市和中关村示范区的大力支持下,抓住中关村示范区建设先行先试的政策机遇,利用中关村得天独厚的科教资源优势,积极落实各项规划和政策部署,在政策创新、人才特区建设、科技金融建设、产学研合作、区域创新体系建设、创新创业和高端产业聚集等方面做了大量工作,取得显著成效。海淀区创新型城区的建设模式就是中关村自主创新示范区的建设模式,中关村自主创新示范区的经验就是海淀区创新型城区建设的经验,二者是一个问题的两个方面,是有机的统一体。中关村的创新模式,是一条"政策推动+市场拉动"相结合的模式,是一种具有中国特色的自主创新发展模式。

(一)政府的推动作用

在中关村的发展中,政府起到了非常重要的作用。在整个创新体系的建设中、在科技成果转移转化中、在创新体系的营造过程中,政府部门一直在起着主导作用。中关村是中国科技体制先行先试的重要试验品,在中国科技体制的创新过程中,中关村围绕成果的转移转化,围绕高校、科研院所和企业的结合等方面,一直不断地做政策性的尝试,以促进和培育企业快速成长。政府的作用体现在以下几个方面:第一,通过出台一系列优惠政策引导创新行为、激发创新活力;第二,通过资金投入配置资源,引导社会资金投入创新活动;第三,通过区域规划和产业政策整合创新资源、促进产业发展;第四,通过人才特区建设、科技金融建设等解决创新的人才和资金问题;第五,通过创新服务体系和中介组织建设营造有利于创新的环境;第六,推动科技资源的开放共享,整体上促进资源的利用。

（二）市场的拉动作用

中关村的发展，市场一直发挥着重要的作用，在政府的推动下，中关村迅速发展起来，各种创新要素不断聚集，创新环境不断完善，企业创新活力不断增强，高端产业优势逐渐凸显，市场配置资源的基础性作用日益增强，中关村已经成为国内最富创新活力的地区，具有很强的内在发展动力和很大的发展潜力，政策对市场的助推作用已经显现出来。从刚刚发布的中关村指数2013来看，自中关村国家自主创新示范区批复以来，中关村综合指数一直保持平稳较快增长。2012年，中关村综合指数达到194.6。从一级分项指数增长情况来看，2008~2012年，六个一级指数都有不同程度提升。

1. 创新创业环境进一步优化，高端要素加速聚集

中关村高端人才加速集聚，2012年外省市户籍从业人员达到85.7万人，留学归国人员达到1.6万人；高学历从业人员加速增长，平均每月新增近万名本科及以上学历的从业人员，全年净增10.7万人；年轻创业者队伍迅速成长，2013年度福布斯"中国30位30岁以下创业者"榜单有1/3入选者出自中关村。

科技金融服务体系不断完善，科技金融创新进一步深化。截至目前，中关村上市公司224家，在"新三板"累计挂牌企业234家；2012年，中关村企业获得创业投资金额约159亿元，占全国创业投资总额的30%；各银行累计为中关村企业提供信用贷款160亿元和知识产权质押贷款100亿元以上；中关村小额贷款公司累计发放贷款36亿元。

2. 创新能力持续提升，国家自主创新源头地位更加突出

2012年，中关村企业科技活动人员达到40.2万人，科技活动经费支出918.2亿元，均创历史新高；中关村创新投入强度也大幅领先全国平均水平，每千名从业人员拥有科技活动人员253.7人，比同期全国高新区平均水平高出77.6人；R&D经费支出相当于增加值的10.5%，是同期全国平均水平5.3倍。2012年，中关村企业、高校和科研机构共申请专利39703件，授权专利22632件。截至年底，企业主导创制的国际标准103项、国家标准2569项。

3. 产业规模和人均效益持续攀升，成为支撑首都经济升级的中坚力量

2012年，中关村产业规模稳步增长，实现总收入2.5万亿元，同比增长27.4%；实现增加值3647.5亿元，占北京市地区生产总值的20.4%。2012年，中关村从业人员人均实现总收入157.8万元，比全国高新区高27.3万元。战略性新兴产业蓬勃发展，以移动互联网等为代表的战略性新兴产业，共实现总收入1.5万亿元，同比增长14.7%，占中关村总收入的60.2%。现代服务业比重不断提高，实现收入1.7万亿元，占中关村总收入的66.6%。

4. 潜力企业持续涌现，领军企业实力不断增强

2012年，中关村新创办科技型企业达到4800家。2012年，中关村有482家企业实现收入倍增，有249家企业年收入首次进入亿元规模，年收入超过亿元的企业共计1897家，年收入超过百亿的企业达到45家。以"十百千工程"企业和上市公司为代表的领军企业竞争力不断增强。2012年，426家"十百千工程"企业实现总收入1.1万亿元，占中关村总收入的42.7%；中关村上市公司的总市值1.34万亿元，企业合并报表收入1.33万亿元。

5. 对外辐射模式日趋多元化，跨区域引擎带动作用逐步显现

2012年，中关村流向外省市技术合同成交额602.4亿元，同比增长37.8%；中关村企业在全国各省市设立的分支公司8301家，较上年增加2648家；中关村上市公司在京外地区实现收入10006.5亿元，占这些上市公司合并报表收入的75.4%。跨区域辐射模式呈现多元化趋势。2012年，中关村企业并购京外企业的案例44起。

6. 国际资源配置能力日益增强，成为我国科技型企业参与国际竞争的前沿阵地

吸引国际资源的质量不断提升。2012年，中关村新增外籍专家668人，目前在中关村工作的外籍专家达到2319人；96家"2013年《财富》世界500强"企业在中关村投资设立子公司或研发机构200余家。中关村企业加快走出去，海外并购交易和对境外直接投资持续升温，海外并购案例数达到14起，对境外直接投资额迅速攀升至331.9亿元，同比增长了1.1倍。

(三) 创新型城区建设模式

海淀区创新型城区建设模式，或者说中关村自主创新示范区建设模式是政府自上而下的推动和市场自下而上的拉动相结合的模式，可以称为混合模式或双轮驱动模式（如图 6-1 所示）。在初期阶段，政府的推动发挥更为主动的作用，是外部推动力，也可以说是第一驱动力，通过政府的积极推动，创造良好的政策条件和创新环境，通过政府资源的投入，发挥引导和导向作用，带动社会资源按照政府希望的领域和方向投入更多资源，通过政府的政策手段，解决创新急需的人才、资金、知识等资源，激发企业、科研机构、高等学校等创新主体自身的积极性和活力，政府起到助推器和助燃剂的作用。在政府的有力推动下，各类创新主体的创新热情被唤醒，创新资源更加丰富，创新环境更为完善，创新主体的创新能力得到提高，市场开始发挥更为积极主动的作用，各类创新主体之间的互动联系加强，创新系统的内部驱动力加强，创新主体不再是被动地等待接受政府给予的优惠条件，而是更加积极主动地去参与创新活动，去争取各种有利的资源和支持，通过创新满足市场需求，实现企业的发展。

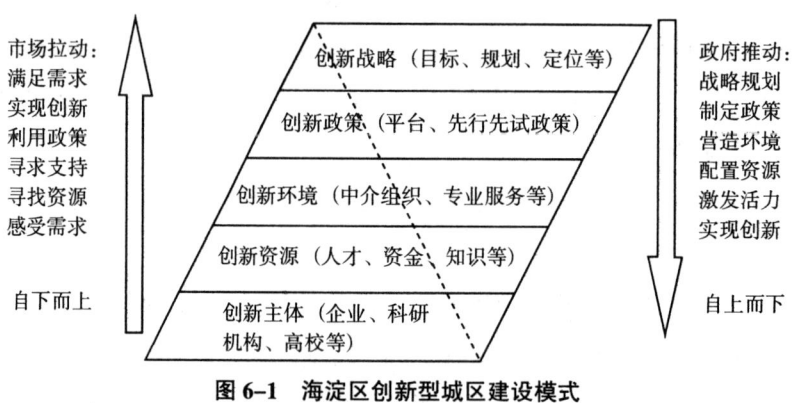

图 6-1 海淀区创新型城区建设模式

(四) 中关村模式在国家创新驱动战略中的引领作用

中关村国家自主创新示范区是世界上罕见的科技智力密集区，是我国科技创新的一面旗帜。中关村是创新要素的聚合区、科技创新的辐射源、战略产业的策源地、创新企业的孵化器、创新品牌的培育地、开放创新的引领区、深化改革的先行区,中关村的发展对全国实现创新驱动战略具有示范引领作用。具体来说形成了以下示范引领模式:

1. 体制机制创新示范模式

作为科技体制机制改革的试验田和先行区,中关村肩负着科技体制机制先行先试改革创新的重任,待政策成熟后向全国推广。

(1) 创新资源整合机制辐射带动。中关村在整合首都创新资源方面做了大量探索,为发挥举国体制优势,推动资源整合做出了示范和表率。在搭建资源整合平台方面,中关村创新平台得到中央领导的高度肯定。在资源整合工作机制创新方面,建立了部市会商、军地会商、央地会商工作机制,推动重大创新项目在北京落地。在重大项目资源整合方面,积极整合央地各方资源推动中关村科学城和未来科技城建设,中关村科学城加快构建科研机构、高等院校、企业、高端人才、社会组织和政府"六位一体"的协同创新体系。

(2) 先行先试政策带动。中关村许多先行先试改革政策对其他省市的科技园区形成了强有力的示范效应,许多成熟的做法已经在全国高新区异地复制或示范推广。在股权激励政策方面,中关村股权激励政策得到财政部、科技部的大力推广,2010年2月财政部、科技部正式发布了《中关村国家自主创新示范区企业股权和分红激励实施办法》,2010年8月和2011年1月,武汉东湖和天津滨海新区相继出台了《东湖国家自主创新示范区企业股权和分红激励试点办法》和《天津滨海高新技术产业开发区科技型企业股权激励先行先试工作暂行办法》。在人才特区政策方面,中关村人才特区建设的对外带动辐射和示范效应已开始显现。2011年,国内多个省市派代表团到中关村考察人才特区,武汉东湖、上海张江等高新区借鉴中关村经验出台了高层次人才引进政策。在新型产业组织改革试点方面,中关村的产业技术联盟发展经验得到了国家的认可,2007年6月,科技部正式开展了产业技术创新联盟试点工作,2008年国务院科技部、财政部、教育部、国资委等六部门联合发布了《关于推动产业技术创新战略联盟构建的指导意见》,2009年以来,天津、四川、山东、湖北、福建、陕西等省市相继出台了产业技术联盟促进政策。在科技企业培育方面,中关村"瞪羚计划"和"十百千工程"等成熟的做法得到全国各地区的积极效仿。比如,西安高新区、杭州市和天津市相继出台了西安高新区"瞪羚"企业培育办法、杭州成长型中小企业五年培养计划、天津市"小巨人成长计划"。同时武汉针对科技企业做强做大制订了实施了"领军企业推进计划"。

(3)科技创业政策辐射带动。中关村是全球创业最活跃的区域之一。在科技企业创业孵化方面,中关村建立市场化的运营机制,涌现出创新工场、车库咖啡、3W咖啡馆、亚杰商会、清华科技园、联想之星、石景山青年创业园等新型创业孵化服务模式,引领全国创业孵化机构从提供办公环境等基础服务向提供种子基金、创业导师、专业技术平台等增值服务演变。3W咖啡馆模式在中关村取得成功后,已迈出北京向外城市发展,上海、深圳店正加紧筹备,无锡、大连、长沙等城市均有意通过邀请3W咖啡馆入驻。

2. 政产学研用合作模式

在国家创新驱动战略中,各地政府积极搭建政产学研用合作平台,推动中关村科技创新资源在全国发展布局,推动科技创新成果产业化,服务全国创新发展。

(1)政府搭台。各地政府通过签订合作协议、制定个性化招商引资政策等多种措施,吸引中关村的科研院所、高等院校和科技企业到当地创新创业。

(2)院(校)地合作。在地方政府的推动下,中关村科研院所和高等院校与地方政府共建设分院、分校、产业研合作办公室、技术转移基地,为当地产业发展提供科技支撑。例如,中科院计算所自2003年以来,先后在上海、苏州、宁波等地建立九个分部(分所),清华大学先后在珠三角、长三角、环渤海等地区与当地政府组建了深圳清华大学研究院、河北清华发展研究院、浙江清华长三角研究院等。

(3)院(校)企合作。中关村科研院所和高等院校通过与京内外企业共建研究院、科技资源开放共享、校办企业等方式,推动科技创新成果向全国辐射。例如,中关村开放实验室对分散于北京的众多科研院所、高等院校科技资源进行有效整合,向企业开放共享,帮助企业提升研发水平。截至2011年10月底,专项累计投入1.3亿元,累计为17262家企业提供了包括检测、技术攻关、试验指导与合作研发等在内的41855项服务,与企业合作开展技术成果转移项目276项,与企业共建联合研发机构77个,为示范区企业提供人力培养共1103人,受聘到企业共159人,在推动科研资源开放和服务企业方面取得了较好的效果,为示范区自主创新能力的提升发挥了重要作用。

3. 技术转移扩散模式

中关村是我国科技创新中心,是全国科技创新辐射源。中关村科技创新成果通过技术市场交易、产业联盟、研发技术服务等形式向全国辐射转移,引领带动全国创新发展。

(1) 技术市场交易。中关村科技创新成果通过北京技术交易所、中科院国家技术转移中心、清华大学际技术转移中心等技术中介机构,向全国输出技术。

(2) 产业联盟带动。中关村通过产业技术联盟在全国范围整合创新资源,推动中关村创新成果在全国范围内辐射推广。中关村已有的61家产业联盟中,多为全国性联盟或以北京为主的全国性联盟,这些产业联盟通过整合联盟内创新资源,促进联合攻关、技术分享,实现企业内部创新到外部联合创新,推动中关村科技创新能力在全国扩散转移,制定和推广行业技术标准,推动科技创新成果产业化。

(3) 研发技术支持。中关村科研院所和高等院校通过研发服务、技术合同、技术咨询等形式,向全国输出技术,发挥辐射带动作用。

4. 产业辐射模式

中关村是我国科技创新的辐射源和战略产业的策源地。中关村科技创新成果通过产业链分工、企业输出、品牌输出等多种形式,辐射转移到全国各地,从而对全国发挥引领带动作用。

(1) 产业链分工合作带动。中关村科技企业通过在京外注册分公司、建立分支机构、建设生产基地等形式在全国开展布局,形成总部和研发在中关村,生产制造在外地的产业链分工模式。

（2）创新企业输出带动。中关村大量科技中小企业受生产运营成本等因素的影响，以及外省市招商引资政策优惠，中关村孵化培育的创业企业将创新成果、创新团队一体化输出到全国各地，从而带动其他地区的创新发展。

（3）新兴产业策源带动。中关村依托科技创新优势，不断加强关键核心技术攻关，在重大核心技术突破带动重点产业发展，有效地发挥全国战略性新兴产业的策源地和示范引领作用。

5. 科技金融辐射模式

中关村是我国科技金融中心，中关村科技金融通过融资平台、科技金融机构和科技金融政策对全国发挥辐射带动作用。

（1）多层次资本市场建设辐射。随着中关村"统一监管下的全国场外市场"（即"新三板"市场）建设步伐不断加快，中关村"新三板"市场必将成为科技型中小企业多元化融资的重要平台，既满足了部分科技企业资本融资难题，又对这些企业完善法人治理结构、提升综合融资能力和规范运作水平等方面发挥了积极作用。

（2）科技金融产品创新辐射。中关村探索开展的科技小额贷款、科技银行、知识产权质押贷款等创新型科技金融业务，被全国各地区广泛学习和模仿。例如，天津成立了科技小额贷款公司、无锡高新区与中国农业银行合作建立了科技支行、上海张江高新区和武汉东湖高新区积极推进了知识产权质押贷款试点。2006年10月，中关村在全国率先推出知识产权质押贷款业务以支持科技型企业融资发展，并出台了相应的贷款贴息政策，这些政策引发全国高新区竞相仿效，截至2010年，武汉东湖高新区已经与6家银行合作，20多家高新区企业签订6亿元知识产权质押贷款协议；截至2010年6月底，上海市共有134家企业获得知识产权质押贷款。

（3）科技金融政策辐射。中关村许多促进科技金融发展的政策被平移和复制到全国高新区。在股权代办政策示范方面。在总结中关村股权代办试点工作基础上，2010年中国证监会在上海市张江高新区开展"证券公司代办股份转让试点"，同时天津、武汉、成都等多家高新区早已做了大量的试点筹备工作和出台了相应的支持政策。在风险投资引导政策示范方面。2006年11月和

2007年3月，中关村分别出台了促进创业投资四个办法。在中关村经验的基础上，2007年财政部和科技部联合发布《科技型中小企业创业投资引导基金管理暂行办法》，自此，创业投资引导政策在全国各高新区扩散开来。

6. 人才辐射模式

中关村是我国人才智力资源最为密集的区域。随着中关村人才特区建设步伐加快，中关村成为我国参与全球人才资源配置的重要节点，一头连着海外，一头服务全国，大量海外高端人才通过中关村了解中国，先来到中关村再向全国流动转移。大量科技人才和企业家人才在中关村学习和积累了丰富的知识和经验，到地方去成为重要科技和管理骨干，对引领各地创新和产业发展发挥着重要的作用。例如，苏州工业园通过"千人计划"、"省双创"、"姑苏领军"、"园区领军"计划等共引进了97名领军人才，其中有10人是从北京的高校、科研院所或企业引进。比如，2010年，广州开发区两批领军人才计划共引进12名领军人才，其中1名在中关村创立过企业，2名在北京高校和研究所获得学位。

7. 区域合作模式

加强区域合作，是中关村示范区的一项重要使命。多年来，中关村围绕服务国家创新驱动战略，积极推动区域合作，推动中关村科技成果向全国辐射转移。

（1）推动区域合作。目前中关村已经与南京市、长春高新区等12个高新区签订了战略框架协议，针对各地区域资源优势开展了全方位、多层次、多模式的合作。

（2）参与高新区规划建设。中关村示范区结合各地资源优势，参与宁夏、济宁等10余个高新区规划和建设发展，促进了这些高新园区的建设和发展。

（3）参与科技对口支援合作。目前，中关村分别与北京市对口支援地区什邡市、青海、内蒙古科技厅、内蒙古乌兰察布市签署战略合作协议，推动中关村科技成果向受援地区转移。

8. 军民融合创新模式

中关村在服务全国创新发展的同时，进一步加强军民融合创新发展。

（1）签署了框架协议。2011年7月28日和8月24日，北京市政府分别与总参谋部、总后勤部、总装备部和海军签署战略合作框架协议。

（2）建立工作机制。建立了军地主要领导会晤机制、北京市与协议签署单位联席会议制度和联络员制度三个层面的工作机制，推动军地双方在项目研发、技术合作、成果转化、军事采购等方面展开全方位合作。

（3）组织军民融合对接会。驻京军事大单位300余人次参与军企对接，召开军民融合项目签约大会，实现项目合作、军事采购及基础设施投资项目共300余项，金额近50亿元。

第七章 三区融合 联动发展
——上海市杨浦区创新型城区建设模式

一、杨浦区建设创新型城市的背景及意义

(一) 杨浦区建设创新型城市的背景

20世纪90年代,上海进行了新一轮产业结构大调整,曾经辉煌的杨浦,传统的大工业优势逐步弱化,因产业结构调整引发的矛盾和问题集中显现出来:工业企业从1200家锐减到200家,产业工人从60万人锐减到6万人,240万平方米的旧区亟待改造,城市基础设施薄弱,区级财力全市倒数。

为走出困境,曾经试图通过重振国有企业雄风、依靠大市政建设拉动和黄浦江综合开发带动,也试图通过导入大量人口、高强度建设住宅区带动,但成效都不明显;还探索了高校园区与地区经济的结合,经历了十年的探索和徘徊……

2003年5月10日,中共上海市杨浦区委召开七届二次全会,专题审议并通过了《关于高起点、高水平加快杨浦知识创新区开发建设的决定》,并举全区之力编制了具有科学性、前瞻性和指导性的《杨浦知识创新区发展规划纲要》。

2004年4月19日,市政府常务会议原则通过上海市城市规划管理局、杨

浦区人民政府等联合编制的《杨浦知识创新区发展规划纲要》。

2004年5月28日,上海市人民政府正式批复同意《杨浦知识创新区发展规划纲要》,拉开了从"工业杨浦"到"知识杨浦"大转型的序幕。

2010年1月10日,全国科技工作会议在北京召开。国家科技部在充分肯定杨浦"三区融合、联动发展"模式、创新驱动和创新服务体系建设的基础上,正式将杨浦区确定为国家创新型试点城区。

(二) 杨浦建设国家创新型试点城区的战略意义

1. 建设杨浦国家创新型试点城区将为我国推进自主创新战略、探索特大型城市创新型城区建设提供先行先试平台

当前,世界主要发达国家越来越重视知识经济和创新的力量,我国也提出要在2020年建成创新型国家,使科技发展成为经济社会发展的有力支撑。为此,需要在未来一段时间内在创新型城市(区)建设上取得突破,以强大的区域创新支撑创新型国家建设。科技部正式确定杨浦为国家创新型试点城区,这既是对杨浦城区转型发展和建设知识创新区的肯定和鞭策,也是对杨浦知识创新区建设提出了更高要求,赋予了杨浦先行先试的历史使命。

(1)杨浦国家创新型试点城区是国家自主创新战略的先行先试平台。建设创新型城区是承接国家自主创新战略、推动创新型国家建设的历史使命。将杨浦确定为全国首批国家创新型试点城区,是国家实施自主创新战略的重大举措,是国家建设区域创新体系的重要组成部分。当前,科技成为经济发展和社会进步的重要动力,提高自主创新能力、建设创新型国家成为我国国家发展战略的核心。杨浦作为科技部批准创建的首批国家创新型试点城区,就是要通过构建国家创新型试点城区的总体规划以及指标体系的研制,为全国探索经验,并提供示范作用,更好、更快地支持国家创新型城市建设。

(2)杨浦国家创新型试点城区是我国特大型城市建设创新型城区的先行先试平台。杨浦集聚了丰富的科教资源和创新要素,自主创新能力不断增强,国际化程度显著提升,城区综合经济实力进一步提高,在创新基础、创新能力和创新环境等方面均居于上海和全国前列,是探索我国特大型城市建设创

新型城区的良好先行先试平台。

（3）杨浦国家创新型试点城区是我国老城区依靠创新驱动内涵式发展的先行先试平台。杨浦具有丰富的科教资源和比较完善的区域创新服务体系，是老城区依靠创新驱动内涵式发展转型的典型范例，具备在自主创新上实现率先突破的优势和条件。杨浦经过六年多的知识创新区建设，不断深化"三区融合、联动发展"的核心理念，经济结构和发展方式发生重大变化，实现了由传统工业区向知识创新区的转变。

2. 建设杨浦国家创新型试点城区将为上海推进发展转型和创新驱动起到引领带动作用

当前，上海正在按照中央要求，加快推进"四个率先"、加快建设"四个中心"和社会主义现代化国际化大都市。而提升自主创新能力、率先转变发展方式是关系到上海未来发展的重大问题，是上海在新起点上实现新崛起的关键，也是上海突破发展"瓶颈"约束、实现发展方式转变的重要驱动力。

（1）杨浦国家创新型试点城区将对上海发展模式向创新驱动转变发挥引领带动作用。当前，上海需要在发展转型和创新驱动上实现重大突破，以创新促转型促发展，把调整结构和高新技术产业化作为确保经济平稳较快发展的主攻方向。要实现发展模式向创新驱动转变，必须加快科技创新，全面提升自主创新能力，培育核心技术和品牌，充分发挥科学技术、人力资源对经济增长的驱动作用。上海结构调整的目标是形成以服务经济为主的产业结构，服务经济是以创新驱动为主的经济形态，是创新应用的主要领域，同时也为创新提供了发展方向。建设创新型城区是加强科技在经济社会发展关键领域的支撑作用、促进发展方式转变和产业结构调整的重大举措。

（2）杨浦国家创新型试点城区将对上海率先形成创新的体制制度环境发挥引领带动作用。杨浦是上海唯一获批的首批国家创新型试点城区之一，这是对杨浦知识创新区建设成果的充分肯定，也是对上海城市转型和发展的有力推动。杨浦国家创新型试点城区建设，是上海创新型城市建设的重要组成部分，将有利于进一步发挥杨浦老工业城区转型的示范引领带动效应，进一步增强上海城市自主创新能力、促进产业结构调整和城市国际竞争力提升，服务上海实现"四个率先"、建设"四个中心"和社会主义现代化国际大都市建设。

（3）杨浦国家创新型试点城区将对上海培育创新服务功能发挥引领带动作用。杨浦国家创新型试点城区建设，将推进创业孵化服务体系完善，加快集聚各类风险投资公司、信用担保机构等创新金融服务机构，健全技术咨询、交易等中介服务机构，吸引更多创新创业人才，完善知识产权保护、创新创业法律环境和鼓励创新的政策环境，并不断拓展创新服务的辐射范围。杨浦城区创新服务功能的提升，将为其他城区提升自主创新能力、实现创新驱动发展发挥引领带动作用，为上海在培育创新服务功能方面进行先行先试的探索。

3. 建设杨浦国家创新型试点城区将为杨浦推进自身转型、实现可持续发展提供强大动力

杨浦作为老工业城区，在新时期的发展转型中，必须改变传统的外延式发展道路。杨浦国家创新型试点城区建设，通过深化"三区融合、联动发展"的核心理念，整合区域发展资源，通过经济和产业结构调整，推进杨浦城区结构调整和创新环境营造，实现城区转型和可持续发展。

（1）杨浦国家创新型试点城区将为杨浦新一轮经济社会可持续发展提供强大动力。获批国家创新型试点城区，是杨浦发展的重大机遇，也是杨浦承担国家战略、肩负创新发展和先行先试的重任。科技部将在项目、基地、人才和政策等方面加强对杨浦建设创新型试点城区的引导和支持，这有利于杨浦区进一步推动城区转型、结构调整和发展方式转变，在新的起点上实现新一轮的跨越式发展。

（2）杨浦国家创新型试点城区将为杨浦进一步深化"三区融合、联动发展"模式提供强大动力。杨浦国家创新型试点城区的建设，将充分发挥杨浦创新资源集聚优势和高校、科研院所的引擎作用，不断增强城区自主创新能力。将进一步深化"三区融合、联动发展"模式，助推杨浦经济发展方式和城区发展模式的转变。

（3）杨浦国家创新型试点城区将为杨浦环境全面优化提升提供强大动力。

国家创新型试点城区将促进区内高等教育国际化发展、提升区内高校国际化水平，使杨浦成为汇集国际高端人才和国际知识传播、文化交流的中心，实现杨浦生态环境和人文环境的优化，推动杨浦建成生态型、知识型、国际化的适宜创新创业、适宜人居的新城区，实现城区结构、城区形态的全面性调整，实现城区功能从"传统工业"向"知识创新"转变。

二、杨浦区概况

（一）地理位置

杨浦区位于上海市中心区的东北部，地处黄浦江下游西北岸，与浦东新区隔江相望，西邻虹口区，北与宝山接壤，区域面积60.61平方公里，人口约130万。黄浦江支流的杨树浦港纵贯区境南北，杨浦即以此演变得名。黄浦江岸线（包括复兴岛）15.5公里，区内有一桥（杨浦大桥）、两环（内环、中环快速干道）、三隧（大连路、翔殷路、军工路越江隧道）数条轨道交通。杨浦区已成为上海中心城区连通长三角地区的门户（见图7-1）。

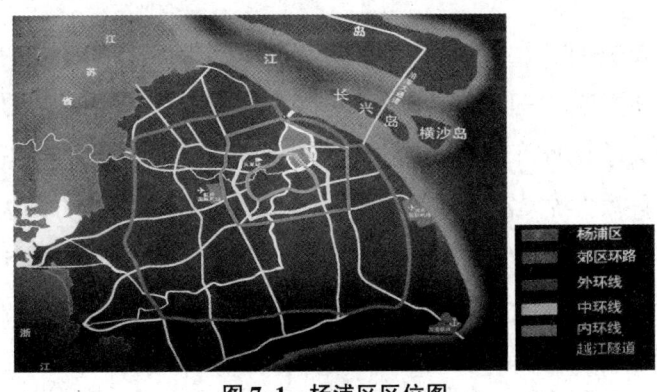

图7-1 杨浦区区位图

（二）历史沿革

杨浦区成陆于唐末宋初，区境属华亭县高昌乡。元至正二十九年（1292年）属上海县高昌乡。清雍正二年（1724年）后，虬江以北属宝山县。同治二年（1863年）和光绪二十五年（1899年）南部沿黄浦江地带曾被划入公共租界。明国元年（1912年）虬江以北属宝山县殷行乡，虬江以南、租借以北属于上海县引翔乡。1927年，上海特别市政府成立，租借以北分属引翔、殷行和江湾区。1945年12月，区境分属杨树浦、榆林和新市区。1950年6月，杨树浦区改称杨浦区。以后，区境不断向北扩大。1960年1月，榆林区并入。1984年9月，宝山县五角场镇和殷行地区划入。1993年3月，浦东歇浦路街道划归浦东新区。1997年6月，宝山县所属江湾机场划入，始成现状。

（三）行政区划

杨浦区政府设于江浦路549号。下辖定海路街道、大桥街道、平凉路街道、江浦路街道、控江路街道、延吉新村街道、长白新区街道、四平路街道、殷行街道、五角场街道、新江湾城街道共11个办事处和五角场镇人民政府。下设居民委员会306个。

（四）百年文明

百年大学文明、百年工业文明和百年市政文明是杨浦深厚的文化积淀，是重要的人文资源，是促进杨浦城区发展、打造杨浦知识创新区的宝贵财富。

1. 百年大学文明

杨浦区科教资源丰富，20世纪初，境内就出现了教会创办的大学。至20世纪30~40年代，杨浦区的教育事业得到迅速的发展，现区域内坐落着14所各类高等院校，其数量超过上海市高校总数的1/3，被誉为"上海学府中央区"。在这些学校中，有历史悠久、学科门类齐全的综合性大学复旦大学和同济大学，也有专业特色显著、为行业培养高级人才的上海财经大学、上海理工大学、上海海洋大学、上海电力大学、上海体育学院、上海城市管理职业技术学院；也有军队所属的第二军医大学、解放军南京政治学院上海分院；也有向社会开放的成人高等学校上海电视大学、杨浦区业余大学；也有列入国家计划招生范围的优秀民办学校上海济光职业技术学院、上海东方文化职业技术学院。百年大学，科教资源，是杨浦构建知识创新区的动力源泉。2005年，复旦大学迎来了百年校庆。2006年，上海理工大学迎来了百年校庆。2007年，同济大学迎来了百年校庆。

2. 百年工业文明

杨浦区近代工业始于19世纪80年代。清光绪八年（1882年），经李鸿章批准，官督商办的上海机器造纸局投产；1883年英商又沿黄浦江畔建立了中国第一座现代化水厂杨树浦水厂；1899年官商办的上海机器织布局投产，这是国内最早的机器棉纺织厂。20世纪20年代初，陈独秀主编的《新青年》月刊发表的《上海劳公状况》一文描述，"近年来上海的工厂，一天发达一天了。其中纱厂为最多数，那贫民的生计，便因此一振。杨树浦一带，竟可称它为一个工业社会。"至1927年，区境内已有57家外资工厂，民族工业已发展到301家，其中轻纺织工业已具相当规模，纺锭数占全市45.5%。1949年，杨浦区有企业近千家，职工近10万人，工业总产值7.2亿元，占全国的5%，占全市的20%左右，在上海乃至全国闻名。

3. 百年市政文明

1927年7月，上海特别市政府成立，为了和租借抗衡，连接闸北、南市等华界，制定了"大上海计划"。选至今五角场地区的殷翔路以北、闸殷路以南、淞沪路以东、黄浦江以西的土地约7000亩作为新上海的市中心区，规划设有行政区、商业区、住宅区以及相应的交通设施，包括铁路、港口、道路等。并公布了《建设上海市中心区域计划书》、《黄浦江虬江码头计划》、《上海市道路计划》等实施计划，实现了以五角场为新华界中心的近60条放射干道网的建设。这一20世纪30年代的"大上海计划"，是近代上海第一个大型城市规划。至今，区域内仍保存着旧上海市政府大厦、市博物馆、市体育场、市图书馆等一批历经百年沧桑风采依旧的优秀历史建筑群。这是上海历史第一次全面的、大规模的、综合性的城市发展总体规划。

(五) 华丽转型

1. 国家创新型试点城区

2003年4月15日，上海市委、市政府召开专题会议，做出建设杨浦知识创新区的重大战略决策。经过六年多的推进，杨浦知识创新区建设获得了重大成果，经济结构和城区发展方式有了重大变化，科教资源和创新要素不断积聚，自主创新能力明显增强，国际化程度显著提升，综合经济实力跨上一个新台阶，城市面貌发生了显著变化，人民群众生活水平明显提高，成功地把一个产业结构老化、社会包袱沉重、历史欠账多、基础设施落后的传统工业区转变为知识创新型城区，走出了一条依靠"三区融合、联动发展"、创新驱动的老城区内涵式发展转型之路，杨浦的发展进入了一个新阶段。

2010年1月5日，科技部正式批复杨浦成为首批国家创新型试点城区。为全面提升杨浦知识创新区建设，按照国家创新型试点城区的要求，加快推动杨浦经济跨越式发展，杨浦区坚持项目带动和聚集重点战略，聚焦"五大功能区"的建设和发展。

（1）五角场城市副中心。继续聚焦资源、提升能级，突出以科教为特色、国际化为标志、文化为支撑的高起点副中心建设，以创智二期和三期、合生国际广场等一批重大功能型项目为抓手，着力提升五角场市级商业中心和现代服务业务聚集区能级，使五角场成为科技服务平台密度大、国际化程度高、文化底蕴深厚、影响辐射带动能力强的增长极和引领区域。

（2）新江湾城创新基地。突出知识型、国际化、生态型建设，以知识商务中心、国际科技大学园等一批功能性项目为抓手，依托复旦大学等高校强势学科，重点引进国际国内著名高校和知名科技企业、优秀教育机构，建成上海中心城区规模最大的知识型、国际化、现代化的大型人文生态区域。

（3）环同济知识经济圈。以现代设计国家及特色产业基地为引领，重点在实施国际化战略上提升能级，加快推进"上海国际设计一场"项目，打造设计高端产业链，使之成为上海"联合国设计之都"的核心区域。

（4）大连路总部研发集聚区。依托西门子、大陆集团等世界知名企业，进一步引进高端资源和地区总部,建成跨国公司和国内行业龙头企业地区总部、研发中心、营销中心汇集的总部研发集聚区。

(5)滨江现代服务业发展带。依托百年工业遗存,加快推进世博水门、渔人码头、中国时尚创意中心等项目,启动联合国全球创意经济城项目,形成融工业博览、文化艺术、旅游休闲、时尚创意等为一体的滨江现代服务业发展带。

2. 创新沃土

(1)科技园区。1996年,区域内的第一个高科技园区"五角场高新技术产业园"正式建立,标志着杨浦拉开了科技园区建设发展的序幕。

目前,区域内已建立12家科技园,大学科技园在区域内高校基本实现全覆盖。其中,国家级大学科技园5家,分别是复旦、同济、上海理工、上海财大、上海电力科技园;国家级软件园1家,即复旦软件园;国家级体育科技示范园1家,即上海体育学院科技园。我区还有3家国家级高新技术创业服务中心,分别是上海杨浦科技创业中心、上海杨浦区海外高层次人才创新创业服务中心、上海复旦科技园创业中心。复旦、理工科技园被科技部、教育部评为"大学生科技创业实习基地"。目前,全区科技园区产业用房建成使用的建筑面积达100多万平方米,在建的约15平方米,"一区多园,一园多基地"的格局已经基本形成。

杨浦科技园区一如既往地秉承"品牌化、特色化、国际化"的理念,成为杨浦知识创新区建设的重要组成部分,成为杨浦知识创新区发展和自主创新能力提升的重要载体,成为杨浦产业结构调整与经济增长方式转变的重要动力,成为大学和科研院所科研成果转化和产学研一体的重要基地,成为大学生创业、中小型企业成长发展的孵化器和人才培养的高地。

(2)杨浦海外高层次人才创新创业基地。2009年6月9日,经中央人才工作协调小组批准,杨浦知识创新基地正式成为国家级海外高层次人才创新创业基地。基地占地9.46平方公里,是杨浦知识创新区的核心区。基地秉持"基地共建、人才共享、资源共享、发展共赢"的"四共"原则,整合大学校区、科技园区、公共社区的优势资源,为海外高层次人才提供创新创业广阔舞台。基地推出"3310"计划,即"三大工程、三大目标、十项政策"。实施"百千万"工程,实现标志性人才集聚的目标;实施人才环境工程,实现标志性成果突出的目标;实施主导产业集群发展工程,实现标志性产业清晰的目标,并配套十项创新创业扶持政策,例如为海外高层次人才创新项目提供最高100万元启动资金,200万元担保款,500万元贷款利息,200平方米免租金办公用房,100平方米人才公寓,入选国家"千人计划"的,给予最高200万元的购房补贴等。基地还设立5年共3亿元专项资金,用于扶持海外高层次人才创新创业,设立杨浦区海外高层次人才创新创业服务中心,为海外高层次人才提供"一口式受理"、"一门式服务",具体推进基地建设。目前,基地已列入选国家"千人计划"的人才有15名。

(六) 科技产业

目前,杨浦以产业载体建设为抓手,以推动企业做大做强为重点,进一步加强公共服务平台建设,积极营造产业发展良好氛围,促进杨浦经济持续快速发展。其中,以现代设计、节能环保、电子信息三大产业为重点,编制了"三大重点产业三年行动计划",提出了有针对性的目标措施。

环同济知识经济圈以研发设计服务为主形成了具有一定规模的特色产业集群。2013年,环同济知识经济圈总产出达227.7亿元,自2007年年均增长19.1%。环同济知识经济圈已经成为现代设计产业集聚区。

(七) 经济发展

1. 都市型产业园区

近年来,杨浦区紧紧围绕知识创新区功能定位,充分发挥园区作为科技成果产业化和产学研一体化重要载体和平台的作用,努力提升园区经济发展能级和水平,保持了园区经济平稳健康较快发展的良好势头。

目前,全区已建成21个都市型经济园区44个载体,总建筑面积134万平方米。初步形成了以家用纺织品、纺织科技、建筑设计、钟表及精密机械、机床工具、新材料、水产等产业为特色的都市型产业发展格局。

全区已建和在建创意类园区17个,建筑面积达79万平方米。已建成东方纺谷创意园、63号设计创意工场、中环滨江128等创意类园区13个,其中10个被上海市经信委认定为"上海市创意产业集聚区",占全市81个"上海创意产业集聚区"的12%,其中,2009年启动的"上海国际时尚中心"(棉十七厂)和"复地·四季广场"(原第四制药厂)项目,为杨浦区创意产业可持续发展创造了良好的条件。

2. 引进外资

近年来,全区已引进世界500强企业德国西门子、德国大陆集团、法国欧尚、英国百安居、德国汉高及著名跨国公司美国汉斯集团、波司登国际服饰、沙特阿齐兰集团、丹麦JYSK集团、香港安莉芳集团等企业的重大项目。

2012年,新批准引进外资项目122个,全部为高新及服务类项目。合同引进外资额5.0889亿美元。2005年以来,累计批准外资项目658个,其中高新及服务类项目609个。累计合同引进外资43.0164亿美元。

(八) 一业特强

2001年,上海市政府将家用纺织制品列为我区的"一业特强"产业,我区大力推进了家纺产业的发展,使杨浦区"一业特强"成为中心城区中发展最好的产业之一。

上海国际家用纺织品产业园是杨浦区"一业特强"专业园区,其功能与定位是"信息咨询、设计展示、研发推广、产品检测、政策咨询、行业人才交流与培训、物流和中介服务、全球贸易和洽谈"为一体家纺产业平台,打造以提升家纺产业能级为宗旨的多功能、高标准、高立意的国内现代纺织产业集聚区。目前,入驻企业已达到125家,有孚日、红富士、喜临门等国内知名家纺企业;入驻家纺协会5家以及世界著名杂志美国《今日家纺》、《布艺世界》和《家纺时代》等专业媒体。资源整合方面,园区成立知识产权园分院,设立了质量检测站分站。

上海国际家纺产业园一期工程于2008年全面竣工,该项目占地2万多平方米,总建筑面积为13万多平方米。

三、建设创新型城市的基础和条件

（一）杨浦建设国家创新型试点城区的资源优势和实践基础

1. 拥有丰富的科教资源和产业调整空间

区域内有复旦大学、同济大学、第二军医大学、上海财经大学、上海理工大学、上海海洋大学、上海电力学院、上海体育大学、南京政治学院上海分院等14所高校；有10个国家重点实验室、10个全军重点实验室、1个国家工程研究中心和1个国家工程技术研究中心，其中5个专业技术平台和502台大型仪器设备已加盟到上海技术创新服务平台对外开放服务；有150家科研院所，其中省部级科研院所18家；有两院院士52人，享受国务院特殊津贴的专家1747人，全日制大学生占上海大学生的40%、研究生占50%、国际留学生占20%；老城区产业转型和旧区改造为大学和科教用地的拓展提供了稀缺的土地资源和发展空间，大学用地经过这几年的拓展，已经由4.2平方公里拓展到7平方公里，占区域面积的近12%。

2. 建成了一批产业创新载体和一批技术创新服务平台

建成了复旦、同济等5个国家级大学科技园、10个专业化科技园，科技园区建筑面积已达到130万平方米，建成了上海最大的科技创业孵化基地，有3680多家中小科技企业在大学科技园区集群发展，并形成了国家"火炬计划"环同济研发设计服务特色产业基地等一批具有鲜明产业特色的基地。有3个国家级高新技术服务中心和5大技术创新要素服务平台，包括研发服务、创业投融资服务、风险投资、知识产权服务、信息服务和人才服务平台。

3. 汇集了一批发明专利成果和国内外高端创新要素

2012年，专利申请数6340件，发明专利占52.8%。科技投入占区级财政支出的比例达到6.47%。2012年专利授权数4088件，引进海外高层次人才32

人，新增大学生创业企业301家，知识型现代服务业占第三产业增加值的比重达到35.3%。汇集了全国首家高校技术市场、上海首家风险投资服务园，成功引进了美国硅谷金融集团等一批科技金融服务机构，建立了政府引导的担保和风险投资引导基金、中早期风险投资基金，建成了中国（上海）创业者公共实训基地，引进德国西门子、大陆集团等一批跨国公司和国际高端研发机构，这些机构和高端资源与大学实验室和学科建设结合，建立起了广泛的产学研合作关系。

4. 知识经济成为区域可持续发展的强大动力

2012年，全区生产总值达到1201.11亿元，其中第一产业产值5.70亿元，占0.47%，第二产业产值746.44亿元，占62.15%，第三产业产值448.97亿元，占37.38%。

知识型现代服务业增加值占第三产业的比重从2004年的26.5%提高至35.3%，三产对区级税收的贡献度已达到83.5%

（二）制约杨浦建设国家创新型试点城区的"瓶颈"

虽然"三区联动"的理念已基本被政府、大学、园区、企业所接受，成为多方共识，但在实践中还是受到诸多"瓶颈"的制约。

1. 体制"瓶颈"

校区、园区和社区之间各自分立的管理体制是制约"三区联动"发展的最主要障碍和"瓶颈"。长期以来，大学校区和公共社区之间被有形无形的围墙阻隔，在管理体制上双方犹如两条平行线，难以形成利益和文化的交会点。近几年来，在杨浦的探索和实践中，尽管大学、园区企业在产学研联盟建设和"三区联动"的发展过程中发挥了重要作用，但相对于社区政府的热情和积极推动而言，校区和园区的积极性和主动性仍不高，资源投入仍较少。究其原因，主要可归纳为以下几方面：

（1）价值取向不同。价值取向决定了校区、园区和社区的发展方向以及"三区"的联动程度。尽管通过几年的实践，"三区联动"的三方在发展理念上取得了一定的共识，但在价值取向上仍存在较大分歧。

就大学而言，其功能定位国内外历来就见仁见智。早在1810年德国科学家洪堡在其备忘录中就提出，保持大学与社会的相对超脱，才是大学长远发展的前提。英国数学家、教育家怀特海认为，一所大学的特有功能就是运用想象力去获得知识和传授知识。这些观点主要强调大学作为独立学术机构所应承担的教学、科研、培养人才等传统功能。随着社会的发展、时代的变迁，大学的功能出现了较大的变化，其社会功能的发挥也日益凸显。有学者把世界上大学的社会功能归纳为两种主要模式：一是以哈佛大学、牛津大学为代表的综合大学社会功能模式；二是以麻省理工学院、伦敦帝国理工与医学院为代表的理工科大学社会功能模式。前者以培育政治精英、商界领袖、思想巨擘和其他各类优秀人才为己任，以此来引领社会；后者以科研成果直接转化为生产力为动力，以此来服务社会。中国学界、教育管理者对大学的功能也提出了诸多见解，尽管对大学的社会功能有所认识，但由于长期受传统价值观念和计划经济条件下大学制度的影响，在价值取向上，大学更倾向于传统的教学、科研功能，综合性大学尤其如此。大学追求的是学术地位，比较注重从长远的角度考虑如何提升自己的社会形象，对科研成果的市场反应不太重视，它并没有把"在地"发展作为学校发展的核心来对待。在处理学校学术科研与科技成果转化的关系，处理大学人文精神和创新创业精神之间的关系上，大学仍一定程度上局限于以往所倡导的"象牙塔精神"的理念，过多注重追求学术水平和排名。此外，目前国内公办大学特别是重点大学并不存在生存危机，这也是它不愿走向社会的原因之一。

从园区来看，大学科技园是高校科技成果转化与产业化的重要通道，主要功能是充分利用高校的人才、学科和技术优势，孵化科技型中小企业，加速高校科技成果的转化与产业化，开展创业实践活动，培育高层次的技术、经营和管理人才。同时，建立适应社会主义市场经济的管理体制和运行机制，通过多种途径完善园区基础设施建设、服务支撑体系建设、产业化技术支撑平台建设、高校学生实习和实践基地建设，为入园创业者提供全方位、高质量的服务。因此，园区企业追求的是经济利润，渴望实现利益最大化，比较注重短期效益和局部利益，对研究开发的长期性投入兴趣不足。

站在社区的视角，社区政府更追求其社会价值，比较注重通过制定政策解决经济、社会问题，对联动中深层次的体制机制问题虽有所关注，但力度不够。不同的价值取向，在合作中容易产生诉求分歧，因而如何有效对接，寻找三方共同的利益结合点成为关键问题。

（2）考评体系相异。在考评体系中，目前大学主要考核教师的教学和科研能力，尤其是科研成果，而在科研考核评价体系中，重视的是教师教学和研究成果的发表，而非科技成果的转化。这一考核"指挥棒"，使得大部分教师"重论文轻专利，重研发轻转化"，选择投入科研成果转化的精力较少，对科研成果的市场反应也不太重视，因而大学科技成果转化和校企项目运作的成功率较低。目前，发达国家高校科技成果转化率已达80%，而我国高校每年通过鉴定的科技成果有1万项左右，转化率仅为10%~15%，远远不能满足国家经济社会发展的要求。区域内的同济大学目前科技成果转化率也只有10%左右。园区的考核则主要以总体规模、发展速度、招商引资、运行质量、技术创新能力、创新创业环境等经济指标来衡量。社区政府的考核依据也主要是经济和社会发展指标。

（3）对接平台不足。首先，由于大学科技转化能力不足，大学校区在开拓与科技园区和公共社区的对接面上还有待扩展。目前的情况是拥有理工类专业的学校同园区和社区产业的对接点相对较多，而文科类学校则对接点不充分。例如在"三区联动"中，杨浦区与同济大学对接比较多，由杨浦区委、区政府与同济大学联手打造的"环同知识经济圈"已发展为区域经济增长极之一，也成为"三区联动"的重要品牌。其次，社区政府在与校区、园区的互动上，只关注领导层之间的联系交流，而忽视了教师、学生、研究人员和企业员工这些一线的工作者和实际操作者。如果他们对于"三区联动"理念不了解、不认同，就没法转变观念，认识其重要性，在思想上、工作上就很难达成共识，也无法形成社区和校区、园区之间的真正联动和发展。再次，对接平台的不足还体现在园区内部企业之间的联系沟通不强。尽管科技园区内入驻企业在不断增加，创新能力也不断提高，个别园区已初步凸显中小企业集群发展的现象，但实际上由于缺乏平台，大部分园区内企业之间的互动较少，业务关联不多，企业的封闭性较强，企业之间相互依存、相互支援的专业化分工协作的产业网络尚未形成，这不仅不利于企业的集群发展，而且影响园区内整体创新氛围的营造。最后，从园区与社区的对接来看，中介服务体系有待健全。从政府的功能来说，应该为园区提供科技评估、成果转化、创业投资、产权交易、金融咨询等方面的服务，尤其是投融资服务体系建设需要尽快加强。目前，由于社区政府为园区提供的服务尚不能满足企业的需求，导致园区内大部分企业往往只关心自己的成本利润和驻留园区的商务成本，对社区的贡献却少有考虑，更鲜有社区归属感。

（4）文化氛围迥异。大学文化不同于商业文化，也不同于政府的科层文化，从某种意义上说，传统的大学文化是排斥商业文化和科层文化的。大学文化的本质内涵是：崇尚人文、注重理性、自由独立、追求卓越。大学作为思想最活跃、视野最开阔、最富有创造力的学术殿堂，是新思想、新知识、新文化、新精神的策源地；作为一种与社会政治、经济机构鼎足而立的功能独特的文化机构，承担着重大社会责任，具有超凡脱俗的独立品格和价值追求。

大学组织的本质属性是学术性，但现代大学组织也有行政性、产业性的属性，现代大学组织是三重属性的综合体，大学文化中蕴涵了商业文化和科层文化。尽管对于大学文化的认识逐渐出现新的变化，但经济杠杆和市场规律在某种程度上使大学文化日趋商业化的状况和趋势则大多为有识之士所诟病。

科技园区作为创业企业孵化、科技企业研发的重要载体，园区文化中融入了企业文化的氛围。同时，又由于其大多脱胎于大学这一母体，因而园区文化更多地表现为一种以创新、创业文化为内核的文化综合体。例如，清华大学科技园就将其文化建设定位为"高校文化+企业文化+社区文化"。因而，园区文化注重市场竞争，倡导勇于冒险，鼓励创新创业。

社区政府奉行的是科层文化。"科层制"是马克斯·韦伯提出的概念，是指一种以分部—分层、集权—统一、指挥—服从等为特征的组织形态。在韦伯看来，科层制注重劳动分工，明确权责；把各种职位按权力等级组织起来，通过正式考试或训练而获得的技术资格来挑选组织中的成员；行政管理人员领取固定"薪金"，遵守规则、纪律和制约等。韦伯认为，科层制具有其优越性，但同时它强调等级规则，依靠纪律和监督，从而压抑了人的积极性和创造精神，使人成为一种附属品。

大学文化的核心是强调思想独立，学术自由，氛围比较宽松，教师和学生的组织性相对较低；园区文化突出创新创业，看重市场和经济效益，强调高度组织化的产业发展；社区政府的科层文化则强调上下级之间的领导与服从，强调执行力。文化氛围的不同，使校区、园区和社区的运转对接存在一定困难，这也是导致"三区联动"受到制约的更深层次的原因。

2. 资源"瓶颈"

大学、大厂、大院、大所资源集聚是杨浦最独特的优势，是杨浦知识创新区建设的强有力支撑。但是，这些优势仅仅是理论上的潜在优势。作为"三区联动"重要载体之一的土地资源：一方面由于体制分立，被条块分割，掌握在市属大企业、部队手上；另一方面，杨浦是老城区，动拆迁任务重，通过动拆迁置换土地难度大。"三区联动"中的另一种重要资源——科技资源，则掌握在高校和科研院所手上，也因体制原因，协调十分艰难。

此外，在"三区联动"过程中，资源共享机制难以形成。一方面，资源本身具有独占性和稀缺性；另一方面，校区、园区和社区作为独立的个体，分别代表不同利益，因而在校区、园区和社区之间，校区与校区、园区与园区、社区与社区之间要形成资源共享机制比较难，必须使彼此之间能够达成共识并真正实现资源共享后创造出新的资源或者更大的价值。

3. 资金"瓶颈"

在杨浦"三区联动"的实践中，高校和科技园区的积极性没有充分发挥出来，在人力、物力、财力方面投入有限。相对而言，政府投入较多。为了举办好复旦大学的百年校庆，杨浦区政府不仅投入了约2.5亿元进行复旦新校区的建设，而且花了1个多亿进行复旦周边环境的整治。

但是，由于历史和客观等原因，杨浦的可用财力十分有限。虽然区级财政收入从2002年的16.22亿元增加到2007年的35.3亿元，绝对数量增加很快,但与其他城区相比,人均财力非常有限。而且,杨浦人口多(常住人口达130万),历史包袱重,民生任务艰巨,这些有限的财力很大比重要花在民生和稳定问题上,用于建设和发展方面捉襟见肘。从企业来看,主要是处于种子期、起步期和成长期的科技企业融不到足够的资金,普遍存在"银行不肯贷、社会不敢投、财政支持弱"的现象,科技企业的风险投融资问题得不到解决。由于缺乏必要的环境和机制支撑,杨浦的许多科技企业在发展过程中,尤其是在种子期、起步期,就会因为缺乏必要的资金,活不长,长不大,甚至可能夭折。为了生存,许多企业只好放弃自主创新,远离技术链、产业链的高端,转而去模仿别人,或者去给别人做加工代理,在技术上受制于人。因此,财力匮乏、投融资体制不健全与产学研联盟、高新技术成果转化必须大量资金投入之间的矛盾又成为"三区联动"的一大难题和"瓶颈"。

4. 人才"瓶颈"

科技成果转化、科技企业创新,关键是人才。产业集聚的背后,是创新创业人才集聚的支撑。"三区联动"中的人才"瓶颈"主要体现在:第一,人才结构不合理。虽然杨浦区高校和人才密集,每年的高校毕业生超过3万人,海外高尖端人才选择复旦、同济等高校就业的也不少,但是企业普遍反映,还是招不到急需的、有经验的、高层次的专业技术人才。第二,缺乏一个平台。未能搭建院士、高级专业技术人才和经营管理人才之间交流合作的平台,科研成果就地转化动力不足,力度不够。第三,缺乏直接从事"三区联动"推进工作的人才。"三区联动"的实践是一项全新的探索,笔者认为,站在政府的角度,从事这项工作的人才必须具有宽广视野、渊博的学识和较高的修养,否则难以与高校沟通和对话;站在高校的角度,从事这项工作的人才除了具有较强的基础理论知识和专业技术知识外,还需要了解和熟知杨浦区情;站在园区的角度,从事这项工作的人才除了具备产学研一体化的知识和经验,更要熟悉政府对科技企业的优惠、扶持政策。

因此,无论从哪方面看,直接从事"三区联动"推进工作的人才都应是复合型的具有开拓精神的人才。但从这几年的实践来看,这种人才比较缺乏。

四、创新型城市建设方案

（一）指导思想、战略定位和主要目标

1. 指导思想

深入贯彻落实国家科学和技术、教育改革和发展两个中长期规划纲要的战略部署，抓住上海实现"四个率先"、建设"四个中心"和举办世博会的重大机遇，按照科技部开展创新型城市（区）试点、推动城市创新发展要求，依托区域内高校和科研院所科教资源优势，继续坚持和深化大学校区、科技园区、公共社区的"三区融合、联动发展"的核心理念，以提升自主创新能力、促进科学发展为主线，以强化企业主体地位、高校改革和科研院所改制、创新基础条件和创新基地建设、人才培养和激励、发展民生科技、开展国际合作和对外开放为抓手，积极对接国家技术创新工程，完善区域创新服务体系，着力推进体制机制创新，努力营造良好环境，加快培育区域新兴特色产业，提高城区综合竞争能力和可持续发展能力，建成上海创新型城市示范区，为建设创新型国家做出更大贡献。

2. 战略定位

依据杨浦的资源禀赋和上海知识创新区的功能定位，杨浦未来的战略定位和发展方向是建设成为"四地四区"：

（1）知识创新策源地与新兴产业引领区。依托高校和科研院所的科教资源密集优势，加强与浦东产业高地、长三角制造业基地跨区域联动，通过创新型企业、产业技术创新战略联盟和技术创新服务平台，大力培育知识型现代服务业和高新技术产业，构建战略性新兴产业培育基地。

（2）创新创业集聚地与服务经济先行区。创新"三区融合、联动发展"模式，加快完善创新型企业为主体、政策和制度创新为支撑、技术创新服务平

台为纽带的区域创新体系，打造大学生创新创业、科技成果孵化转化产业化的创新创业热土，在转变经济发展方式和城区发展模式中发挥示范作用。

（3）高端人才汇聚地与高教改革试验区。加强创新创业人才培养和国家海外人才基地建设，为高等教育改革提供社会空间、外部条件和载体依托等环境和氛围支持，支持区域内高校提升国际化水平和提高综合竞争力，积极引进国外著名高校设立分校，使杨浦成为汇集国际高端人才高地和知识传播、文化交流中心。

（4）先进文化弘扬地与品质生活示范区。依托杨浦"三个百年文明"深厚历史文化底蕴，不断调整和完善城区空间布局，优化生态与人文环境，打造生态型、知识型、国际化的适宜创业适宜人居的新城区，成为知识创新、文化创意、科技创业的智慧之地、低碳之地和绿色家园。

3. 主要目标

按照国家创新型试点城区的总体要求和"四地四区"的战略定位，到2015年杨浦建成创新人才集聚、市场要素汇集、创新主体活跃、创新服务完善、创新生态良好的上海创新型城市示范区。杨浦区创新型城市示范区设的主要目标是：

（1）知识型现代服务业和高新技术产业总产值年均增长20%以上，第三产业增加值占地区生产总值80%左右，知识型现代服务业增加值占第三产业增加值38%。

（2）全社会研究与实验投入占地区生产总值的比重达到4%，其中企业投入占投入总额的60%以上；科技投入占区级财政支出比例不低于5%。

（3）专利成果产业化率在现有基础上每年递增5%以上，全区发明专利申请量占总申请量比率保持在50%以上。积极探索符合中国国情的知识产权评估方法、利益分配机制和商业化运作模式。

（4）培育和发展现代设计、电子信息、环保节能、教育服务四大新兴特色产业。依托区域创新资源和创新基地，大力发展中小科技企业和知识型现代服务业与高新技术产业，在产业重组和组织形态不断裂变融合中提升区域产业能级和竞争力。

（5）发挥杨浦知识创新基地9.46平方公里范围作为创新型试点城区核心区的辐射和带动作用，争取纳入国家高新技术产业开发区。挖掘老厂房和旧区改造土地存量资源，改建新增创新商务楼宇面积100万平方米。

（6）构建一批产业技术创新战略联盟和科技金融投贷联盟。依托高校、科研院所，建立和形成以企业为主体、市场为导向、产学研相结合的多种形式产业技术创新战略联盟，建立十大研发、设计和制造中心，其中各类研发机构和技术创新服务平台数量达到200家以上，在全国有一定影响力的各类专业服务机构20家以上。依托风险投资机构、社会资本和金融机构，打造上海风险投资和科技金融产品集聚功能区和试验区。

（7）成为全国科技创业苗圃试点单位和全国大学生创业示范基地，打造从创业苗圃—孵化器—加速器的完整孵化服务体系。培育创业苗圃项目500个，向孵化器输送优秀种苗项目200个；孵化器培育孵化企业400个，毕业企业60家，达到上海科技小巨人（培育）标准的企业10家；加速器实现对区域内初创期企业投资2000万元以上，实现对50家企业的加速，加速器内企业年均增长30%以上。

（8）每年新增大学生企业100家以上、新增科技企业500家左右，形成若干在海内外有影响力、有知名度的科技骨干企业，积聚和吸引6000家以上科技企业和100家以上中介服务机构集聚大学周边，其中高新技术企业150家以上，上市企业10家以上，达到上海科技小巨人（培育）标准的企业50家以上。

（9）依托海外高层次人才创新创业基地，打造高端人才汇集地。区域内100名业绩突出、贡献重大的高层次人才入选国家"千人计划"；引进杨浦新兴特色产业领域高端人才1000名；引进各级各类专业人才10000名。

（10）依托新江湾城国际化新社区、五角场城市副中心和四平、延吉新村旧社区、政府办公中心等大型社区和一批民生领域重大项目，消化和吸收上海世博会展示成果，应用和集成最新科技成果，探索和推进不同类型的民生科技发展，加快新成果和新技术的转化和应用。

（二）基本原则和工作思路

坚持创新驱动，走内生增长发展道路。充分发挥大学和科研院所"两个第一"的资源优势，搭建各类创新服务载体和技术创新服务平台，引进和促进科教资源和科技成果，激活创新主体，持续滚动地不断推动科技成果的孵化、转化和产业化，大力发展和提升创新型企业的能级，坚定不移地走依靠创新驱动、内生增长的老城区转型发展道路。

坚持"三区融合、联动发展"的核心理念，推进体制机制创新。充分发挥政府的协调引导、环境营造作用，统筹协调区域内大学、科研院所等科教创新资源，不断吸引和汇聚各类创新要素，促进科教资源的溢出和释放，建立更加广泛的产业技术创新战略联盟，进一步推动大学与城区融合，提高科技服务经济的能力，打造上海有影响力的创新创业热土。

坚持城区结构系统调整，完善区域创新服务体系。依据区域资源禀赋、历史文化底蕴和产业基础，用社会系统工程的原理，研究和推进区域产业问题、企业问题、城区改造问题和就业、居住、生态环境等民生问题。通过创新型城区建设，用科技手段系统实施城区资源配置形态的调整与优势再造，加快实现城区发展模式和经济发展方式的转变。

坚持金融创新推动科技创新，增强自主创新能力。搭建各类合作平台，拓展合作渠道，创新合作方式，支持和引导区域内高校、科研院所、创新型企业与国际高端资源对接合作，同时积极引进国外一流高校、研究机构、跨国公司研发机构、金融服务机构、市场要素，抢占创新发展的制高点，推动自主创新、集成创新和引进消化吸收再创新，使杨浦成为引领创新的高地。

坚持以人为本，推进民生科技。把民生科技作为试点工作的重要抓手，通过科技攻关和成果快速转化应用，研究解决城区就业、旧改和社会事业发展问题，建设科技人文社区，转变传统的生产方式、劳动方式和生活方式，改善城区基础设施和生态环境，构建更加适宜创业和人居的城市人居生态社区系统，更好地弘扬和演绎上海世博会主题。

（三）试点内容和主要任务

1. 深化"三区联动"，在大学带动城区发展上有新突破

"三区融合、联动发展"的核心理念突破了现有体制机制的束缚，凸显了大学在建设创新型国家、带动区域发展中的特殊作用，也是杨浦建设国家创新型试点城区要长期坚持的根本途径。

（1）充分发挥大学校区引领和带动作用。充分发挥高校和科研院所知识溢出效应，制定实质性措施鼓励大学师生开办科技企业、创新创业创造，提高科研成果转化率；支持区域内高校发展，在学科建设、人才培养、科研攻关、成果转化、周边环境等方面创造良好条件；健全区、校主要领导定期会商机制和工作推进机制，加强发展战略、发展规划、发展项目的对接；区校联手争取国家级重点实验室、工程研究中心落户杨浦，合作组建技术转移中心，创新大学技术转移的模式和机制；发挥杨浦区高校、科研院所的研发优势，鼓励专利申请从技术导向向市场导向转变，围绕降低企业成本、提高企业市场竞争力和规模化生产能力推动专利转化；共同成立产业技术创新战略联盟发展基金，承接国家重大科技专项；通过天使基金、财政扶持、担保等措施，区校联手共同营造大学师生创业环境；高校每年推出一批实验室、科研设备和科普、文博、体育等资源向社会开放。

（2）充分发挥科技园区载体和纽带作用。依托大学强势学科，区校联手建成一批大学科技园，探索大学科技园区的功能，使大学科技园区成为大学服务社会职能的窗口、学科建设的引擎、科研活动的基地、技术转移的平台、科技企业成长的专业服务平台和大学生就业创业的基地；做大做强科技孵化基地，构建有杨浦特色的孵化服务体系。通过政府规划、社会资本开发、企业运作、国际化提升的方式，构建产业技术创新战略联盟，不断培育创新型企业和新的经济增长极，发展高新技术产业和知识型现代服务业。探索市区合建、校区合建、市区校合作的多种模式，按照企业化、多元投资运作模式，打造从创业苗圃—孵化器—加速器的完整孵化服务载体，构建"私募投资+专业顾问+市场加速"的服务新模式，建成辐射长三角、面向全国的大学生创业服务基地和产学研一体化种子基地。

（3）充分发挥公共社区承载和孕育作用。公共社区要成为创新人才集聚、创新文化浓厚、创新环境优良的新型人文社区，为创新创业活动提供全方位的公共服务。继续支持高校后勤社会化改革，推动后勤保障功能向社区转移；继续支持科研院所改制，探索科技公共服务与社区建设相结合的新载体、新机制；加大干部挂职和人才交流力度，为大学生实习、培训等提供社会实践基地；依托高校医学院及附属医院优势，推动社区公共卫生服务中心发展；以打造优质教育集聚区为目标，依托高校优质资源推动基础教育的创新试验；支持高校开展国际交流和中外合作办学，提升城区国际化水平；共同推进学习型城区建设，加强科普教育基地建设，构建面向全社会的"开放大学"，不断提升市民素质和城区文明程度。

2. 坚持创新驱动，在构建新型产业体系上有新进展

转变经济发展方式，关键是坚持创新驱动、内生增长，用好、激活科教资源，建立新型产业体系。继续坚持优先发展知识型现代服务业、优先发展高新技术产业、调整提升都市型产业和基础性服务业的产业发展方针，形成以科教为特色、服务经济为核心的新型产业体系。

（1）优先发展知识型现代服务业。依托和瞄准国家重大专项和上海重点产业发展，发挥大学和科研院所的学科和人才优势，组建和形成一批以市场为导向、以技术服务为支撑、企业化运作、具有行业技术支撑作用的产业技术创新战略联盟和技术创新服务平台，努力在服务重大专项、上海重点产业和长三角先进制造业上，占据产业链中的技术创新服务关键环节和服务业高端。重点推进环同济知识经济圈建设，依托国家火炬计划环同济研发设计服务特色产业基地，在构建和延伸完整的"大设计"产业链、拓展产业空间和提升国际化程度上实现突破，力争到2015年总产出达到300亿元。同时，按照政府规划、大学优势学科带动、社会资本推动、企业化发展、国际化提升和产业集群成长的环同济发展模式，推动区域内创意设计、研发与技术服务、教育服务和科教商务等产业集群发展，提高区域发展中知识经济和服务经济为特征的现代服务业能级。

(2) 优先发展高新技术产业。采取培育和引进带动相结合的方式，大力发展电子信息和环保节能两大高新技术产业，探索研究推动企业创新发展和产业集群发展、提升城区产业能级的现实路径。把培育和发展中小科技企业作为战略优势，采取引进行业骨干企业带动和资本纽带推动的手段，在服务和融入行业骨干企业和大型企业组织中占据自主创新的关键环节，实现两大高新技术产业创新集群和跨越式发展。电子信息产业发展方面，主要是扶持一批示范性项目与创新型企业，重点发展数字音视频、计算机及网络产品、软件和信息服务，形成从设备研发设计到内容开发应用的产业链。环保节能产业重点发展水净化及循环利用研发技术、废弃物资源化综合利用研发技术、节能与绿色建筑、超大规模输配电和电网安全保障技术等自主创新高端领域，打造有影响带动力的环保节能科技产业高地和服务中心。

(3) 调整提升都市型产业和基础性服务业。面向杨浦的产业基础优势，通过搭建产学研联盟和专业化研发服务平台，加快传统产业的改造和升级换代，支持都市型产业园专业化、科技化、集约化转型，重点提升现代纺织、烟草、设备制造、钟表、出版印刷等行业发展能级。支持区域内国有企业的改制转型，积极规划和推进老厂房改建，支持和鼓励企业调整产业结构和组织形态，进入产业发展新领域，发展总部经济、研发服务经济和循环经济。大力发展餐饮、商贸、旅游、休闲等基础服务业，为区域产业成长提供必要的配套服务。

3. 探索金融创新带动，在完善创新服务体系上有新作为

汇集各类创新要素，着力推动制度建设，营造创新创业服务环境，是推动创新型试点城区建设的核心内容。要继续加大资源整合力度，不断完善技术创新服务服务体系，坚持用金融创新推动科技创新，在各类创新要素的汇聚、融合、互动、碰撞中，推动科技与经济的紧密结合和科技成果的转化与应用。

(1) 汇集和丰富各类创新要素。支持高校更好地提高自身综合竞争力和服务社会职能，培养更高质量的创新人才，产出更好的科技成果，促进科技与经济的结合。支持和引进国外合作办学，积极吸引国外著名大学在杨浦设立

分校，提升区域内大学国际化水平和全球影响力。深化科研院所体制改革，通过推动产业技术创新战略联盟构建和区所共建的方式，拓展科研院所的成长空间和技术支撑带动能力，通过建立契约关系形成利益共享机制，重点科研院所两年内要全面完成企业化改制，推动一批创新型企业的成长。进一步加快国家海外人才基地建设，在"三区融合、联动发展"的核心理念下，健全和完善区、校、企人才战略联盟，围绕"基地共建、人才共享、资源共用"，建设既有学科优势，又有园区和人才环境优势的综合性区域人才基地。

（2）不断完善技术创新服务体系。继续推进以创智天地项目为抓手的技术创新服务平台建设，重点在拓展载体和完善功能上突破。一期开发已汇聚各类创新要素、高端机构和中介服务，集聚了人才广场、风险投资服务园、知识产权服务、中国（上海）创业者公共实训基地和联合国南南技术产权交易所、环境能源交易所等一批技术创新要素，在此基础上，延伸和完善创新要素服务链，搭建更加完善的创新服务体系，进一步引进一批跨国公司研发总部和创新型企业入驻，带动中小科技企业的培育和成长。同时发挥创智天地开放式示范社区功能，开工建设复旦大学管理学院与美国斯坦福大学、中国香港瑞安集团、美国硅谷金融集团等合作创办国际商学院，探索与经济社会发展需求结合更紧密的教育办学模式，为高校改革和发展提供示范和借鉴。

（3）坚持金融创新带动科技创新。进一步完善专项担保基金、中投保、差额担保、大学创业信用担保、知识产权质押贷款等间接融资模式，扩大融资规模和受益面。进一步完善风险投资园功能，扩大风险投资基金规模，依托硅谷银行上海代表处，建立中外合资银行。借鉴硅谷运营模式建立风险投资机构、各类基金和商业银行投贷联动的金融创新服务平台，通过市区联动、银企互动，引导风险投资、社会资本和商业银行向早中期科技企业投资和贷款，形成为科技创新型企业服务的金融投贷联盟。大力发展和引进各类金融中介服务，鼓励金融创新产品开发，打造上海风险投资和科技金融产品集聚的金融创新与科技创新结合的功能区和试验区。

4. 实施项目拉动，在重点功能性区域建设上有新形象

实施项目聚焦和带动战略，以一批功能性项目为抓手，重点打造五角场

城市副中心、新江湾城创新基地、环同济知识经济圈、大连路总部研发集聚区、滨江现代服务业发展带五大重点功能区,加快一批重大功能性项目的落地。

(1) 五角场城市副中心。继续聚焦资源、提升能级,突出以科教为特色、国际化为标志、文化为支撑的高起点城市副中心建设。要以创智天地二期和三期、合生国际广场等一批重大功能性项目为抓手,着力提升五角场市级商业中心和现代服务业集聚区能级,使五角场成为技术创新要素密度大、国际化程度高、文化底蕴深厚、影响辐射带动能力强的增长极和引领区域。

(2) 新江湾城创新基地。突出知识型、国际化、生态型建设,以知识商务中心、国际大学科技园等一批功能性项目为抓手,依托复旦大学等高校强势学科,重点引进国际国内著名高校和创新型企业、优秀教育机构,建成上海中心城区规模最大的知识型、国际化、现代化的大型人文生态区域。

(3) 环同济知识经济圈。以国家"火炬计划"环同济研发设计服务特色产业基地为引领,重点在实施国际化战略上提升能级,加快推进"上海国际设计一场"项目,打造设计高端产业链,成为上海"联合国设计之都"的核心区域。

(4) 大连路总部研发集聚区。依托西门子、大陆集团等跨国公司,进一步完善配套服务设施,营造服务创新主体、国际化引领的高端现代服务业集群发展的社区人文环境和创新氛围。继续大力引进国际高端资源和地区总部,建成跨国公司和国内行业龙头企业地区总部、研发中心、营销中心汇集的总部研发集聚区。

(5) 滨江现代服务业发展带。依托百年工业遗存,加快推进世博水门、渔人码头、中国时尚创意中心等项目,启动联合国全球创意经济城项目,形成融工业博览、文化艺术、旅游休闲、时尚创意等为一体的滨江现代服务业发展带。

在聚焦重点功能区的同时,坚持区域联动、统筹协调、全面推进的原则,注重依托高校和科研院所资源优势,推动体育产业、金融产品和金融工具研发产业、电力与电缆和纺织等高端研发服务产业的培育与集群发展,不断发育新的经济增长点。

5. 推进区域互动,在加快城区发展模式转变上有新跨越

抓住上海世界博览会(以下简称世博会)对科技进步与经济社会发展的巨大引领和促进作用,立足于国内国外两种资源和两个市场,站在科技进步前沿和发展高端示范带动作用。

(1)加强上海世博会展示成果转化和应用。要把世博会绿色、环保、生态、节能、和谐宜居的理念,诞生的新能源、新材料、节能环保、电子信息、创意产业、城市建设和管理、生态环境建设等新科技成果,以及国际经济社会文化交流活动,与区域内高校的学科建设、科研活动和人才培养、技术创新服务平台建设、创新型企业和新兴特色产业培育、城区建设管理和改造结合起来,广泛应用于城区经济和社会事业发展、现代建筑体系、现代景观体系和现代管理体系建设中,加快实现经济发展方式和城区发展模式的转变,通过世博会展示成果的消化吸收和转化应用,加快老城区的改造和产业能级提升,高起点地实施城区系统优势再造。

(2)加强与跨国公司和海外地区合作交流。进一步加强与西门子、大陆集团、EMC、甲骨文等全球创新型企业合作,拓展合作空间和合作领域,创新合作机制和模式。进一步引进一批创新型企业、专业服务机构,推动企业、研究机构与区域内高校建立产业技术创新战略联盟,带动和激活区域各类创新资源,提升创新发展能级和创新发展氛围。深入推进落实杨浦和美国旧金山湾区的合作框架协议,推动硅谷和湾区的各类风险投资机构、科技中介服务机构和创新型企业、高新技术产业进入杨浦发展和建立研发机构。加强与印度班加罗尔、中国台湾新竹、加拿大万锦市等地的友好合作。

(3)加强以长三角为重点的国内合作交流。构筑以金融服务和创意设计为主导产业的"新江湾未来城—陆家嘴—张江"发展轴、以电子信息和生物医药及新能源新材料为主导产业的"新江湾未来城—金桥—张江"发展轴和以节能环保、海洋工程为主导产业的"新江湾未来城—外高桥—崇明"发展轴。支持长三角和全国各地企业在杨浦设立地区总部、研发中心和销售中心。鼓励区域内高校、科研院所、大学科技园区在全国各地开展产学研合作。充分

发挥江苏大丰、海安两个异地杨浦工业园区的载体作用，依托杨浦大学科技园区的品牌和管理模式，通过实施产业对接互补发展，推动长三角区域一体化。

五、创新型城市建设成就和初步经验

从2004年"工业杨浦"到"知识杨浦"大转型的序幕拉开以来，杨浦区在大学校区、科技园区、公共社区的融合及联动发展方面取得了诸多成绩，积累了很多经验。具体表现在如下方面：

（一）持续改善民生，促进社会和谐稳定

（1）在城区转型进程中始终关注旧改、就业、救助等群众最关心、最直接、最现实的利益问题。

（2）为推动旧改，在全市开创"十公开"、"全公开"阳光动迁新机制，2007年，探索并走出了"拆除重建"的一条具有杨浦特色的动迁工作新路子。2003年以来，共动迁100万平方米，收益居民达3万户、10万多人。

（3）为推动大学生创业带动就业，在全市率先推出1000个大学生公共服务见习岗位，创办全国首家创业者免责公共实训基地。

（4）为加大社会救助力度，建立了覆盖全区的帮困救助服务网络，发挥帮困救助兜底作用，实现低保对象应保尽保。2003年以来，提供就业岗位达到22.5万个。

（二）进行内涵式改造，老城区焕发青春

没有把老工业基地作为历史包袱，而是作为战略再生资源。关停并转高污染、高耗能、高危险企业86家，建成了21个都市型产业园区。形成了滨江、大连路海上海、五角场800号等14个创意产业园区。盘活老厂房300万

平方米。改造传统制造业，提升了烟草、机床、纺织等产业的能级。

（三）实施国际化战略，推动自主创新

杨浦的国际化战略从引进跨国公司地区总部及研发中心起步，到与以风险投资最发达地区美国旧金山湾区合作，通过引进硅谷模式，用金融创新带动科技创新，到与联合国南南局合作建立国际技术转移中心，形成了自主创新、引进创新和集成创新的区域氛围。

第一步：建立以德国西门子、大陆集团为引领的跨国公司总部研发集聚区，与区域内大学、企业建立创新战略联盟。

第二步：建立与美国旧金山湾区和硅谷银行合作的风险投资集聚区。

第三步：引进联合国国际技术转移交易系统，建立国际技术转移中心，推动南南合作。

（四）创新产业集群，走通产学研融合之路

1. 积极推进大学优势学科资源外溢转化为知识产业集群

以复旦大学为例，复旦大学国家大学科技园将其建设任务解读为：科技成果转移的基地、高新技术企业的孵化基地、创新创业人才的培养基地、服务国家经济建设和技术创新的示范基地。其建设理念为：促进科技成果和知识产业化，像培养学生那样培育企业，并不断向社会输送高科技企业与企业家；联合社会力量，整合社会资源，社会化运作；为国家经济建设服务，推动区域经济发展。作为大学原创力向社会延伸的重要载体和高校创新要素与社会创新资源耦合的平台，复旦科技园紧紧依托复旦大学，坚持以企业为主体、以市场为导向，以促进科技成果转化、孵化高新技术企业、培育创新创业人才、服务区域经济建设、支撑行业技术进步为己任，推进政、产、学、研、金、介的结合，探索一条具有中国特色的自主创新之路。在《国家大学科技园十五发展规划》的指引下，紧密结合园区所在地杨浦区"三区融合、联动发展"的战略举措，经过几年的不懈努力，复旦科技园在硬件规模、服务体系，科技产业集聚等方面取得了较大的发展，向国内一流大学科技园迈进。

复旦科技园的产业定位为电子信息业,园区环绕复旦大学校区周边,为大学资源延伸、产学研互动在地理空间上带来极大便利。根据不同功能定位,分为以聚集、培育成长型高科技企业为主的主园区;以研发及人才培训为主的信息产业研发基地;以聚集、培育初创期数字媒体企业为主的复旦科技园国家数字媒体产业基地。

2. 环同济知识经济圈国家级研发设计服务产业基地建设成效显著

环同济知识经济圈2011年总产出180亿元,预计2015年总产出将超过300亿元,2020年将达到1000亿元。

环同济知识经济圈由核心区、扩展区和若干辐射点共同组成。如图7-2所示。

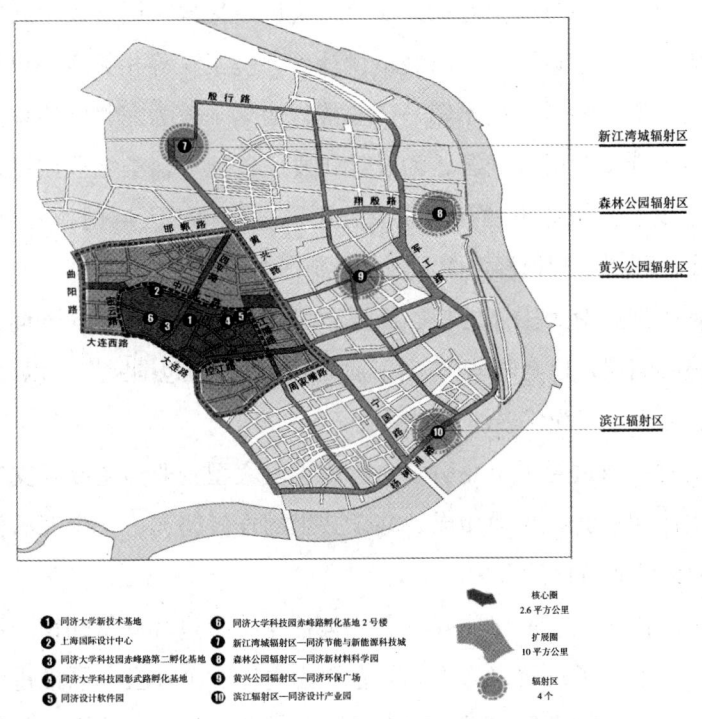

图7-2 环同济知识经济圈空间分布示意图

"十一五"期间,通过区校联手、区校企联动、大小企业互动等多种途径,环同济知识经济圈实现了快速发展,经济圈内的创新创业环境不断优化,创新实力显著增强，创新集群加快形成。

（1）建设进展。一方面，区校联手，建立协同推进的工作机制。杨浦区与同济大学联合成立了由区、校领导为主任，区、校有关职能部门负责人为成员的"杨浦环同济知识经济圈管理委员会"，下设办公室，负责协调推进有关工作。区政府各有关办事机构紧密协助配合，并建立规章制度，明确岗位职责，同时，还制定了工作机制，以保障和协调经济圈建设工作的顺利进行。在区校双方的共同努力下，经济圈核心被科技部命名为国家级环同济研发设计服务特色产业基地，并被评为全市首批示范创意产业集聚区和上海重点发展的四个设计创意集聚区之一。2007年，区校联手发布了《杨浦环同济知识经济圈总体规划纲要》。

另一方面，学科与产业互动，加快构筑创新集群。同济大学通过有效集成学校优势设计类学科资源，以城市设计、环境工程等相关研发设计服务为核心，加快打造学科链—技术链—产业链，构筑了较为完整的知识型产业生态链。杨浦区则整合区域资源，为设计研发、节能环保类企业创造适宜的发展环境，建设公共服务平台和国家级孵化器，推动了区域创新集群的形成。到目前为止，环同济知识经济圈已逐步形成了如下产业布局圈层：

以设计咨询产业为主体的核心圈层；以软件制作等为设计咨询业服务为代表的次核心圈层；以企划研究、信息服务为代表的包围圈层；以公共关系、窗口联系服务行业等为代表的外围圈层。

与此同时，通过骨干企业引领，形成了以大型企业为主导与支撑、中小型企业为主体和配套，相辅相成、共荣共生的发展格局，一个充满活力的研发设计产业创新集群已然形成。

（2）发展水平。"十一五"期间，杨浦区全力推进环同济知识经济圈的建设，目前已经形成了以政府为主导、企业为主体、全社会共同推进的工作格局，并取得了较好的发展成果，在经济圈内企业数量、从业人员总量、产业载体面积、总产值、单位面积产出、对区域的贡献等多个方面均实现了快速增长，具体情况见表7-1。

表 7-1 "十一五"期间环同济知识经济圈发展情况对照表

指标	"十一五"初期（2006 年）	"十一五"末期（2010 年）	增长
企业数量	227 家	800 家	252.42%
从业人员数量	6135 人	31000 人	405.29%
产业载体面积	28.86 万平方米	52.3 万平方米	81.2%
总产出	23 亿元	150 亿元	552%
区级地方税	2.08 亿元	5.04 亿元	142%

3. 建成了复旦、同济等 6 个国家级和 9 个专业化大学科技园

科技园面积从不到 30 万平方米拓展到 130 万平方米，3600 多家中小科技企业在高校周边聚集，集群发展。

各园区服务体系及其对企业的孵化、催化功能逐步形成和发展起来。科技园所能提供的综合服务的能力以及所营造文化氛围的品位，决定了它的核心竞争力和可持续发展能力。复旦科技园通过知识创新服务体系建设，形成了日趋完善的服务功能，有效地孵化企业成长，催化企业壮大。复旦科技园为园区企业提供的服务内容包括：投融资服务和人才服务、知识产权、法务、财务等中介服务、大学资源延伸、政府政策延伸、专业培训、市场拓展。

4. 打造有杨浦特色的区域创新创业体系

致力于建立从创业苗圃—孵化器—加速器的全程孵化服务链，建成了上海最大最强的科技孵化基地，六年共孵化科技企业近 2000 家，孵化楼宇面积超过 12 万平方米。

（五）创新服务体系，汇集各类创新要素

1. 着力激发大学在区域转型发展中的智力引擎作用

教育培训与市场需求脱节，科技创新资源体制分割，是上海科技创新和高新技术产业化亟待解决的重要问题。在这方面，杨浦牢牢抓住"三区融合、联动发展"，合力建设产学研联盟和公共服务平台，对原有分散隔绝的科教资源进行了初步整合。

通过构建一批由企业主导的技术创新战略联盟，着力解决好产学研合作的权益分属问题。围绕培育战略性新兴产业，鼓励企业联合开发关键核心技

术。发挥科研企事业单位创新孵化作用，加强共性技术研发和公益性服务。加强军民科技资源集成融合。鼓励高等院校和科研院所培养技术人才，鼓励科研人员到企业兼职或任职。

2. 打破大学围墙，创建大型公共服务平台

重点打造了占地1260亩开放性、国际化的创智天地，汇集了以美国硅谷银行和国内外风险投资机构为代表的风险投资服务体系，以联合国南南全球技术产权交易和环境能源交易为代表的要素市场服务体系，以知识产权园为代表的咨询服务体系，以实训基地和大学生科技创新基金为引领的创业服务体系，以海外高层次人才基地、人才广场为引领的人才服务体系，以财力为支撑的担保、融资服务体系，形成了从初创、成长到产业化等不同发展阶段的"接力式"创新服务体系。

（1）大型公共服务平台建设。加强创新公共服务平台建设，优化创新创业服务环境，是推动国家创新型试点城区建设的重要内容。目前，杨浦以创智天地为核心，搭建了5个国家级大学科技园、3个国家级高新技术服务中心和5个技术创新要素服务平台，初步形成了比较完备的科技创新创业公共服务体系。

（2）风险投资服务体系建设。创新型企业特别是中小企业融资难，是制约加快高新技术产业化的核心"瓶颈"和主要矛盾。对此，上海市和杨浦区积极完善市场化投融资平台建设、引进和集聚投融资主体、设立风险投资引导和补助资金及中小企业改制上市专项资金，有效拓宽了科技型中小企业市场化投融资渠道。今后要继续围绕解决中小企业融资难这一问题，加快构建"种子期天使基金→初创期风险投资→高成长期银行信贷→成熟期上市融资"市场化投融资服务链，努力将杨浦打造成金融创新和科技创新相结合的功能区。

（3）要素市场服务体系建设。加快集聚和充分利用国内外各类创新要素，是建设国家创新型试点城区的助推器。近年来，杨浦在积极利用好本区域科教资源的同时，坚持国际化战略，着力吸引国内外科技金融机构、创新型企业等高端要素，如西门子地区总部、美国硅谷银行、联合国南南交易所等，有力推动了区域创新经济跨越式发展。

（4）以知识产权园为代表的创新中介服务体系建设。完备的创新中介服务

体系，是推动科技创新和高新技术产业化的重要支撑。在推进国家创新试点城区建设过程中，杨浦要抓紧完善相关支持政策，加快培育专业化、规模化、规范化的科技中介服务机构，构建以科技咨询、成果评估、技术交易等为主要内容的科技中介服务体系，努力增加技术交易机会、降低技术交易成本。近些年，上海市和杨浦区通过积极推进中介组织与政府脱钩、深化科研院所改革、加强对中介服务政府购买力度等政策措施，培育了一批科技中介服务机构。

（5）以实训基地和大学生科技创新基金为引领的创业服务体系建设。上海市大学生科技创业基金投入1000万元成立复旦分基金。复旦大学联合复旦科技园、杨浦科技创业中心、市科技创业中心等单位成立上海复旦科技园高新技术创业服务公司，筹集配套资金1000万元。基金旨在支持高校毕业生运用知识才能进行科技创业，培育大学生科技创新创业精神，营造大学生科技创新创业的良好环境，进一步拓宽毕业生就业的渠道。复旦分基金成立专门的"大学生创业园"，设立创业辅导顾问团，对大学生创业企业提供免费场地、免费培训等全方位服务。

中国（上海）创业者公共实训基地大学生创业示范园设立在实训基地内的三号楼，总建筑面积约1.2万平方米。受杨浦区政府委托，上海杨浦科技创业中心和上海复旦科技园创业中心负责管理运营大学生创业示范园。

大学生创业示范园坚持公共性与差异化相结合的原则，以做精、做特、做专为宗旨，采用"创业导师＋专门孵化＋资金集成"的服务模式，为入驻园区的大学创业企业（项目）提供全面的、有针对性的服务。

大学生创业示范园孵化服务体系的建设遵循"避免功能重复，确保无缝衔接，形成优势互补"的原则，建立功能突出、系统完善的特色服务体系，使公共、管理与特色相结合的创业孵化服务全方位覆盖大学生创业的每个角落。

大学生创业示范园设立了77个企业办公场地和由96个独立办公区域组成的创业苗圃（预孵化）场地，大学生创业企业（项目）采取申请、评审的办法分批入驻园区。截至2012年5月，累计入驻大学生创业示范园的创业企业共有109家，创业苗圃（预孵化）项目243个。其中，有来自复旦大学、同济大学、上海交通大学等上海主要高校的大学生创业企业（项目），也有来自清华大学、武汉大学、兰州大学等全国各重点高校的大学生创业者。

上海杨浦科技创业中心成立于1997年，是由市科委委托市科技创业中心投资创建的高科技园区。根据科技孵化器的发展趋势和科技部的要求，杨浦科技创业中心先后建立了上海环保专业孵化器、IT专业孵化器、上海国际孵化器（杨浦）基地，并通过服务溢出、资本输出投资了复旦创业中心、海洋孵化器等多个具有产业化特色的科技园区。

作为上海市科委试点建立"科技创业苗圃"的主要单位，杨浦创业中心集自身多年来对初创型小企业孵化服务积累的经验，汇聚资源，在大学生创业示范园中专门开辟科技苗圃孵化场地，通过预孵化的形式，输出管理、输出服务、输出资源。自试运行以来，杨浦创业中心紧密结合创业苗圃的特点，提供免费场地约1000平方米，设置96个独立办公区域，配备电脑、公用电话、网络接入、会议室、商务中心、公共服务等相关设施与功能，保证并提高了创业苗圃的运行效率。

同时，杨浦创业中心成立专门的服务团队负责创业苗圃运营。目前，已有200多个创业项目入驻创业苗圃，项目涉及电子信息、教育资讯、生物医药、文化创意、现代服务等多个领域。

（6）以海外高层次人才基地、人才广场为引领的人才服务体系。创新型人才是建设杨浦创新型试点城区核心资源。在这方面，上海市先后出台了设立人才发展资金、实施杨浦江人才计划、支持优秀人才优先申办居住证、实施人才安居工程等政策，杨浦区针对海外高层次人才出台了提供创业启动资金、办公用房、财力补助、风险补偿等优厚政策。这些都极大优化了杨浦人才发展环境，吸引了一批高端人才到杨浦创新创业。

"3310"计划以国家级海外高层次人才创新创业基地建设为总体目标，杨浦通过实施"百千万"工程，实现标志性人才集聚的目标；实施人才环境工程，实现标志性成果突出的目标；实施主导产业集群发展工程，实现标志性产业清晰的目标；提供10项配套政策。上述计划即三大工程、三大目标、十项政策,简称"3310"计划。

(7)以财力为支撑的担保、融资服务体系。科技型中小企业信贷风险大、降低信贷风险工具缺乏,是银行不愿为中小企业提供信贷支持的重要原因。上海市和杨浦区在这方面做了大量探索,先后推出设立担保和再担保公司、开展科技银行投贷联动、知识产权质押融资等试点,为中小企业间接融资提供了新的渠道。

(六)创新发展资源,打破大学与城区围墙

(1)支持大学就近拓展做大做强。通过在大学周围拆除旧房、置换工厂土地等方式,支持高校拓展发展空间,大学用地从4.2平方公里增加到7平方公里。

(2)把大学校庆看作重大契机和抓手,组织全区之力,展示百年大学崭新面貌,提升区域发展新形象,仅环境整治就投入3亿元,高校周边成为杨浦最亮丽的区域。

(3)大学资源主动向社区开放。教育和学科优势向基础教育延伸,有7所中小学校成为高校附属学校,带动非学历教育机构170多家,形成了完整的教育服务业产业链。

(4)形成了校区一体发展新格局。与6所高校签订了校区全面合作框架协议,共同谋划和推进大学和校区发展。

(七)转型以来杨浦区的发展成绩

自杨浦区实行转型发展以来,特别是创新型城区建设以来,杨浦区经济社会快速发展,"三区融合、联动发展"取得明显成效。2012年,全年地区生产总值完成1201.11亿元,按可比价格计算,同比增长5.0%;第二、第三产业增加值比例为62.1:37.4;全区税收收入完成744.85亿元,同比增长15.7%;区级财政收入完成70.97亿元,同比增长10.0%;社会消费品零售总额完成311.19亿元,同比增长13.1%;全社会固定资产投资完成179.04亿元,同比增长12.0%。以现代设计、科技金融为主导的知识型现代服务业实现增加值

158.49亿元，同比增长9.4%，占三产比重为35.3%，同比提高0.7个百分点。以软件和信息服务业为主导的高新技术产业和战略性新兴产业实现增加值35.01亿元，同比增长19.1%。以烟草和设备为主导的都市型工业实现增加值674.46亿元，同比增长3.3%。以商贸服务业为主导的商旅文体服务业实现增加值128.16亿元，同比增长3.5%。

全面推进杨浦国家创新型试点城区建设，完成全年七个方面148项工作任务。首批国家创新型试点城区专项资金支持创新服务体系、创新产业项目、创新创业载体功能建设等六大领域的80个科技项目。2012年30家科技型中小企业获得各类投资7.5亿元，新眼光医疗器械公司在"新三板"挂牌。小南国控股和三湘股份分别在香港联交所、深交所上市，同捷科技发行私募债，电虎科技、宇鸿科技、四方股份在上海股权托管交易中心挂牌交易。

2012年区域内12家科技园加盟上海研发公共服务平台。海外人才创业企业43家，新引进"千人计划"人才58名，累计140名，其中，中央级90名，市级50名。"3310"计划实施近四年来，累计入围评审497项，通过169项，创业企业注册92家。同时，积极开展上海市领军人才和区拔尖人才选拔工作，共推荐2人作为上海市领军人才人选，103人获评为区拔尖人才。

"十百千工程"稳步推进，成效显著。新增上市企业2家，累计上市企业12家。市科技小巨人企业累计10家，市科技小巨人培育企业累计22家，区科技小巨人企业累计32家。全年新增科技企业备案1047家。市创新型企业25家，软件企业179家，高新技术企业134家，其中，电子信息类49家，高技术服务业26家，高新技术改造传统产业20家，资源与环境技术18家，新材料技术11家，新能源及节能技术6家，生物与新医药技术4家。

2012年专利授权4088件，其中发明专利授权1298件。新增大学生创业企业301家。

六、创新型城市建设模式和特点

（一）老工业城区转型：创新驱动、内生增长发展模式

杨浦是中国近代民族工业的发祥地，有着百年工业、百年大学、百年市政文明的历史，诞生过一大批民族工业品牌，是上海的老工业城区。20世纪90年代后随着浦东开发开放，上海在实施新一轮产业结构和城市结构调整过程中，杨浦作为老工业基地的优势逐步弱化，一大批国有企业出现了关停并转迁和大量职工下岗失业现象。

根据改革开放以来杨浦区工业及社会发展特征，我们认为其发展经历了工业及现代化改造、产业结构和城市结构调整、创新城区雏形初具和创新型城区战略发展四个阶段。其发展特征及驱动力如图7-3所示。

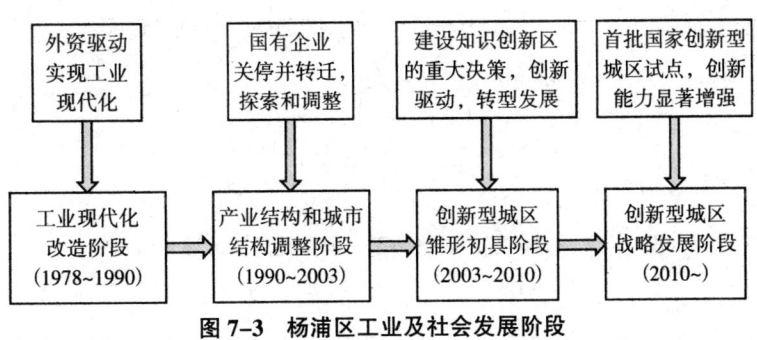

图7-3 杨浦区工业及社会发展阶段

在经历了10年的探索和调整阵痛后，2003年4月，上海市委、市政府做出建设杨浦知识创新区的重大战略决策，通过发挥区域内大学的带动作用，统筹协调区域内创新资源，把发展知识经济与改造传统产业结合起来；通过创新与改造结合、发展与调整同步，杨浦的产业结构和城区面貌发生了显著变化，初步把一个产业结构老化、社会包袱沉重、历史欠账多、基础设施落

后的传统工业区转变为知识创新型城区,初步走出了一条依靠创新驱动、内生增长的发展道路。

(二)创新路径:"三区融合、联动发展"的统筹协调区域发展路子

2004年4月,上海市政府批准《杨浦知识创新区发展规划纲要》,明确提出了大学校区、科技园区、公共社区"三区融合、联动发展"的核心理念和城区发展"两片一线一带"(东片高校集聚区、西片高校集聚区、中部连接两片创业走廊和南部黄浦江滨江带)的空间布局规划,把大学作为整个城区发展的核心,统筹规划和配置发展资源,突破资源分散和整合的"瓶颈"。"三区融合、联动发展"的核心理念,已经成为区域发展的旗帜,形成了区、校、企围绕一个理念、一个目标,共同发展的资源共享、风险共担、载体共建、利益共赢的生动局面(见图7-4)。

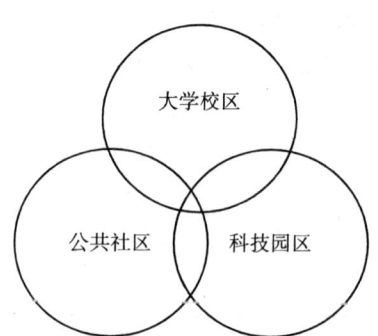

图7-4 大学校区、科技园区、公共社区三区融合示意图

"三区融合、联动发展"这一基本理念的含义是:以大学校区为依托,以科技园区为平台,以资源在公共社区的集聚、共享、融合为抓手,形成"大学的城市,城市的大学"的环境和氛围,把杨浦区建设成知识的港湾、科研的重镇,形成上海的中央智力区。具体而言:

(1)公共社区:主要为校区和园区提供公共服务,创造一个适宜交流、创业、居住、休闲的环境。

(2) 科技园区：是大学师生和城区市民创新、创业及就业的场所，是城区、城市经济发展的增长极。

(3) 大学校区：主要为园区提供创新创业人才、项目、手段，为城市经济与社会发展提供智力支持。

(三) 组织推进机制和保障措施

(1) 建立部、市、区三个层面的协调联动机制。建立部市联动会商机制，科技部、教育部分别与上海市政府建立的部市合作协商机制，把推进杨浦国家创新型试点建设作为优先议题纳入部市合作框架和会商机制中，在基地、项目、人才、政策等方面给予有力的引导和支持；建立由上海市分管副市长牵头、市相关委办局参加的专题会议协商机制，把杨浦国家创新型试点城区建设纳入上海市"十二五"规划和城市发展总体规划中，定期协商和统筹上海各类创新资源要素，研究和指导规划、政策和项目的推进；成立杨浦区国家创新型试点城区建设领导小组，由区委、区政府主要领导牵头，定期召开工作会议，协调和落实推进中的具体事宜，建立起灵活高效的执行和信息反馈系统，把国家创新型城区建设作为经济社会发展的重大战略不断深化和细化。

(2) 转变政府职能，统筹区域科教资源。坚持"三区联动"、政府主动的理念，加速实现由管理型政府向服务型政府的转变，用政府主动推动高校、科研院所、企业等区域各部门和单位的改革。发挥政府在区域发展中的统筹协调、制定规划、资源配置整合、政策导向、市场监管、环境营造、社会力量动员等调控手段，开展先行先试和体制机制创新，充分发挥知识资本的主导作用，调动和发挥大学、科研院所、企业等创新主体的积极性和创造性，带动和激发全社会的创新活力，支持企业加强创新研发投入，建立以企业为主体、市场需求为导向、产业化与应用开发相结合的科技项目培育体系，组织实施创新型企业创建专项行动、高新技术企业上市专项计划。

(3) 实施人才强区工程，完善政策支撑体系。牢固树立"两个第一"的理念，探索研究建立国家创新型城区的政策支撑体系课题，对现行政策聚焦支持,细化和落实国家、上海市科技发展配套政策,按照先行先试的要求,研究政策突破特别是体制机制突破的路径。重点围绕高教改革优先实验、土地利用、产业发展、人才引进等方面,调整完善创新政策和体制保证的支持体系,建立起完善的支持高校改革和科研院所改制、重点产业和创新型企业成长、创新服务体系建设、创新人才培养和引进、中小科技企业发展和创新环境营造等城区创新政策支撑体系。

(4)设立专项建设资金,加大科技投入。设立杨浦国家创新型试点城区建设基金,由市、区两级财政每年按照一定比例筹集。基金主要用于促进企业的自主创新、新兴产业的发展、产业技术创新战略联盟的推动、技术创新服务平台的支持,以及投融资和信用体系改革等科技创新的基础建设和以市场化方式推进重大科技成果转化等,全面推进国家创新型试点城区建设。

(四) 杨浦区创新型城区建设的经验

上海市和杨浦区对创新型城市建设工作非常重视,将创新型城市建设纳入城区建设和城市建设的整体规划,把创新型城市建设作为实现城市转型发展的重要机遇,建立了有效的领导体制和工作推进机制,制定了配套的办法,创新型城市建设目标明确,宣传到位,自上到下形成共识,工作成效比较明显。具体来讲,有以下十个方面的内容:

(1)上海市人民政府发布《关于推进国家创新型试点城区建设指导意见》,明确了创新型试点城区建设的主要任务,建立了试点工作保障体系。从组织领导上,将杨浦国家创新型试点城区建设纳入科技部、上海市政府部市会商机制,建立由分管副市长牵头、市相关部门参加的上海市推进杨浦国家创新型试点城区建设联席会议;从扶持力度上,将杨浦国家创新型试点城区建设纳入本市"十二五"规划和城市发展总体规划;从考核评估方面,建立了评价考核指标体系,每年进行考评,促进创新型试点城区建设。

(2)以知识创新区建设推动老工业城区的产业转型,实现创新驱动、内生增长是杨浦区创新型城市建设的基本特征之一。2003年4月,上海市委、市政府做出建设杨浦知识创新区的重大战略决策,通过发挥区域内大学的带动作用，统筹协调区域内创新资源，把发展知识经济与改造传统产业结合起来；通过创新与改造结合、发展与调整同步，产业结构和城区面貌发生了显著变化，初步把一个产业结构老化、社会包袱沉重、历史欠账多、基础设施落后的传统工业区转变为知识创新型城区，初步走出了一条依靠创新驱动、内生增长的发展道路。

（3）将创新型城市建设融入到城区建设整体规划之中，基于自身优势和特点，提出"三区融合、联动发展"的核心理念，通过推动三区融合，密切了大学校区、科技园区和公共社区之间的关系，实现了资源的有效整合和创新要素的聚集，营造了有利于创新的环境，使得创新型城市建设与学习、工作、生活融为一体，得到社会的广泛认同和支持，极大地促进了创新型城市建设。

（4）做好城区发展规划，划分五大功能区，通过功能区的划分，实现产业创新和创新要素的聚集。第一功能区：五角场城市副中心，重点发展软件与信息服务业、科技金融服务、商业服务、文体休闲等现代服务业。第二功能区：以环同济知识经济圈为代表的大学科技园区，着力打造"创业苗圃+孵化器+加速器"的完整孵化服务体系，形成上海最大、全国一流的孵化器产业基地。第三功能区：大连路总部研发集聚区，建设以跨国企业地区总部和研发中心、销售中心为主导的总部研发集聚区。第四功能区：滨江发展带，重点发展亲水岸线、工业博览、文化休闲、科技商务等现代服务业，从工业制造向服务经济、总部经济转型。第五功能区：新江湾城国际社区，建设"低碳、智能、生态、国际化品质生活示范区"。

（5）实施国际化战略，推动自主创新。引进跨国公司地区总部及研发中心，与美国旧金山湾区合作，引进硅谷模式，建立国际技术转移中心等，促进自主创新、引进创新和集成创新。

（6）发挥大学在创新型城市建设中的引领作用，积极推动大学优势学科资源外溢转化为知识产业集群，建设环同济知识经济圈国家级研发设计服务产业基地，建设了复旦、同济等大学科技园，建成了上海最大的科技孵化基地等，3600多家中小科技企业在高校周边聚集，产业集聚效应初步显现。

（7）创新服务体系建设取得重要进展。建立了以美国硅谷银行和国内外风险投资机构为代表的风险投资服务体系,以技术产权交易和环境能源交易为代表的要素市场服务体系,以知识产权园为代表的咨询服务体系,以实训基地和大学生科技创新基金为引领的创业服务体系,以海外高层次人才、人才广场为引领的人才服务体系以及融资担保体系,创业孵化体系等。

(8) 政府主管部门在创新服务体系建设、创新产业体系建设、创新载体建设、高层次人才建设、科技金融建设、支持国际合作等方面发挥积极引导作用,充分利用国家、市、区各项政策,投入专项资金,创新工作机制,促进创新要素的聚集,扶持具有创新潜力的企业尽快成长壮大,培育战略新兴产业。

(9) 杨浦区已经形成较好的创新与创业氛围,上海市科委等政府主管部门对企业的服务意识强,主动为各类企业做好服务,包括政策咨询、项目申报、专利申请、品牌推广、人才引进等多方面服务,通过高新技术企业、科技小巨人企业认定、科技小巨人企业培育等政策,为企业解决资金、税收优惠等多方面的问题,助推企业发展。

(10) 以政府为引导、企业为主体的创新取得明显成效。上海杨浦区重视政府在创新型城市中的引导作用,重点是做好整体规划、营造环境、搭建平台、建设创新服务体系,通过各种政策手段强化企业的创新主体地位,培育企业的创新能力,激发企业创新活力。凡是通过企业和市场解决的,都由市场和企业解决,减少政府干预,凡是需要政府提供的公共服务,政府应该着力做好。

第八章 开发开放 集聚创新
——天津滨海新区创新型城区建设模式

2010年，滨海新区被批准为首批创新型试点城市（区）之一，近年来，滨海新区创新型城区建设取得了明显进展，未来科技城、国家"863"计划伙伴城市试点等创新型城区建设的重大举措先后启动，国际生物医药联合研究院、国家超级计算天津中心、中科院育成中心等一批具备重大创新平台陆续建成，实施了小巨人成长计划，新区科技型中小企业突破万家，初步形成以"开放式创新"为主要特色，创新链、产业链、政策链协调统一的城市发展格局，为滨海新区实现国家发展定位，建成高水平研发转化基地等奠定了坚实基础。

一、工作定位

滨海新区创新型城区试点工作，依据国家对滨海新区开发开放的战略定位要求，充分体现以下六个方面的功能：服务国家发展战略功能、引领产业结构升级功能、聚集创新资源及其辐射扩散功能、科技体制改革与政策创新示范功能、探索国际化自主创新道路功能、支撑生态宜居城区建设功能。

二、工作思路

体现天津"高端产业、自主创新、生态宜居"三个高地建设的需求,以提升滨海新区自主创新能力为主线,以优化创新创业环境、聚集国内外创新资源为突破口和主路径,以"突出产业创新特色、广泛集聚创新资源、坚持体制机制创新、促进协调率先发展"为主要原则,搭建产业创新大平台,不断优化和完善高效率的创新体系,推进体制机制创新,培育一批战略性新兴产业,率先形成创新驱动、内生增长的发展模式,使滨海新区成为开放型、国际化、独具特色的国家创新型城区。

三、工作方法和推进模式

滨海新区在创新型城区建设中从工作机制、政策措施等方面积极创新,加大实施力度,努力在全区形成活力。逐步形成了具备新区特色的工作方法和推进模式。工作方法和推进模式主要是:

(1) 做好顶层设计,加强过程管理。为确保创新型城区建设顺利进行,滨海新区将其纳入新区总体发展战略加以考虑,先后在第十七次、第三十七次、第四十六次等区委常委会上听取有关创新型城区建设的汇报,区委、区政府编制印发《天津滨海新区国家创新型城区试点工作实施方案》、《关于开展国家创新型城区试点建设工作的意见》两项纲领性文件,出台高新技术企业培育、科技奖励、支持科技企业发展、支持科技创新创业人才等一批科技创新政策,制定了科技体制改革新三年行动实施方案,分步明确了新区创新型城区建设的总体方向和具体路径。同时,区委、区政府加大督察力度,将相关重点工作、工程和项目,列入政府办公室重点督察内容,按季度进行督察,及时跟踪进度情况,协调解决有关问题。新区科委出台统计实施办法,完善了滨海新区统计制度。区政府办加强规范性文件审查,对出台的有关政策文件审查把关,确保符合规范化、科学化的要求。

(2)职能部门各司其职,完善联动工作机制。滨海新区科委积极加强与区财政、区发改委、区环保局等不同部门的协作,新区组织部、发改委、经信委、商务委、教育局、工商局等部门结合自身职能,推出一系列工作措施,为新区推进创新型城区建设提供支撑。

组织部:紧紧抓住创新人才高地建设,采取多项措施推动创新创业人才的聚集,包括制定专项政策、促进项目与人才对接、加强有针对性的人才培养等,从而形成"用项目和平台来聚集人才,用服务和条件来留住人才,用机制和机会来打造高端人才"的新区特色。

发改委:全力抓好综合配套改革,加快推进新兴产业、服务业、低碳经济、循环经济、民生经济等的发展,以招引大项目、好项目,加强项目资金支持和项目服务,有力地促进了新区经济结构的优化。

经信委:以打造"智慧滨海"为着力点,全面推进信息技术在城区发展中的应用,建设了区级层面电子政务公共平台、医疗卫生信息系统、统计信息系统与统计数据中心、社区管理与社区综合服务信息平台;围绕光纤入户和宽带无线推进信息基础设施建设等。

商务委:以招商引资作为支持创新型城区建设的主要途径,提升对招商目标的要求,特别是加大对科技型企业的引资力度,重点引进产业链关键、价值链高端和高新领域的项目,在引进高端资源、加快发展现代服务业、大力发展低碳经济等方面,对新区创新型试点城区建设形成巨大促进。

教育局:围绕改善新区人才教育及服务环境,积极采取多样化的教育资源引进形式。包括与国内外知名教育机构合作办学、共建研究生培养平台、实现职业教育的订单式培养、筹建学校、行业、企业组成职业教育联盟等,结合新区创新型城区建设定位,在"工学结合"和"双证书"教学等领域进行了积极探索。

工商局：重点围绕支持科技型中小企业推出一系列措施，放宽市场准入条件，对海外留学人员、高校毕业生、科技人员等创办科技型中小企业实行"零首付"；支持技术入股，鼓励企业管理人员和技术人员创业，鼓励企业对做出突出贡献的科技人员、高管人员进行包括股权奖励、股权出售、技术折股等股权激励。

（3）功能区、城区互补，协调推进区域转型。新区各功能区、城区发展水平差距决定了创新型城区建设不能采取一个统一的模式加以推进。滨海新区充分调动功能区、城区的积极性，一方面加强工作对接，充分发挥功能区的示范带动作用，另一方面大力支持传统城区转型，形成阶梯式的创新型城区建设推进模式。一是创新政策先行先试。2011年滨海高新区率先试行企业股权激励政策，经过一年试点，新区已经计划将这一政策在全区范围内推广。二是创新载体辐射带动。以开发区、高新区、保税区为代表的核心功能区凭借其优良的发展环境，吸引了国内外高水平企业和研发机构落户，带动相关配套企业、服务机构进入滨海，从而为其他城区招商引资创造了更多机会。三是承接国家发展战略布局。自创新型城区建设启动以来，以高新区、开发区、生态城等功能区先后取得国家首批创新型园区建设试点单位、国家知识产权试点园区、未来科技城、国家生态工业示范园区等资格，在国家总体发展战略中占据一席之地，在此影响下对科技资源汇聚滨海形成广泛带动作用。四是城区建设适时转型。围绕建设目标，塘沽、汉沽、大港三个城区结合自身特色，适时转变产业结构，提升技术含量，其中塘沽区大力推进"滨海生态农业科技园区"和"工业示范园"建设，积极发展现代农业；汉沽区结合产业特色，大力发展水产养殖和海洋生物资源利用等。

（4）注重有选择、有针对性的工作抓手。为了更好地推进创新型城区建设目标的实现，滨海新区动员多方力量，立足实际，从基础工作做起，选择若干薄弱环节，集中力量予以突破，形成可供具体推动和对实施效果进行评价的抓手，从而实现以点带面、局部引领全局的发展态势。2011年滨海新区以综合配套改革为契机，结合新区发展特点，以科技型中小企业为主要对象，以科技体制机制创新和聚集海内外高端科技资源为主要手段，面向发展科技型中小企业、壮大科技创新服务业、激活科技投融资市场、吸引科技人才、完善民营经济和企业创新环境等重点领域，制定出台了一系列政策，明确了滨海新区建设创新型城区的具体工作内容，有力推动创新型城区试点建设落到实处。

（5）加强建设过程和成果的监测与评估。创新型城区建设具有较强的地域特色，根据各地发展阶段和重点产业的不同，其发展路径也存在一定差异。因此跟踪评价试点建设成果即是推进试点工作顺利开展的重要工具，也是困扰创新型城区建设的一项主要难题。鉴于行政体制改革刚刚完成，内部管理体系正在逐步完善，滨海新区立足实际情况，从制度建设、实施保障、人员安排三个层面强化对创新型试点城区建设进展情况的评价：一是建立健全科技统计制度体系；二是做好统计监测的实施保障；三是确保责任落实到人，这标志着新区创新型试点城区建设已经初步形成系统化的路径。

（6）加大宣传力度，拓展影响范围。从试点实施工作的全过程出发，大力加强宣传，不断提高滨海新区创新型城区建设的影响力。一是在启动阶段，组织召开"首届国家创新型城区建设推动大会"，面向全社会发出建设国家创新型城区的号召；二是在建设过程中，编制印发《滨海新区科技工作简报》、《滨海新区创新型城区建设工作动态》、《滨海新区科技型中小企业发展工作简报》、《滨海新区中科院科技成果对接工作简报》等一系列交流材料，适时总结试点工作进展情况；三是在滨海时报、滨海广播电台、滨海新区网等新区媒体上及时宣传报道试点工作动态，让外界充分了解创新型城区建设取得的最新成果；四是对科技体制改革、科技型中小企业等重大成果通过新闻发布会和媒体专访等形式给予重点宣传。

四、推进措施

自获批首批创新型试点城区以来，滨海新区政府采取多项举措推进新区建设，重点体现了四个结合：一是与国家部委重大专项工作结合起来，体现国家发展战略的重点；二是与新一轮综合配套改革结合起来，重点解决束缚科技经济紧密结合的体制机制问题；三是与科技型中小企业发展工作相结合，重点解决技术创新主体实力不强的问题；四是与扩大开放结合起来，重点解决自身创新资源不足问题。通过多种措施并举，天津滨海新区创新型城市建设取得突破性进展，对转变发展方式的支撑作用不断提升，具体表现在以下八方面：

（1）推进十大改革，完善创新型城区制度保障。2011年，滨海新区政府结合实际情况，将市委、市政府制定的第二个"三年实施计划"细化分解为"十大改革"具体任务，包括行政管理、行政审批、土地管理、保障性住房、医疗卫生、金融、涉外经济、城乡一体化、国企改革和非公经济发展、社会管理创新和公共服务10个大项，26个子项，内容涉及城市发展的各个方面，面向全社会构筑起城市发展的新格局，体现了创新型城区在制度建设上先行先试的特色。

（2）实施"十大战役"，全面提速创新型试点城区建设速度。2010年滨海新区以功能区开发为载体，将基础设施建设与招商引资同步进行，投资1.5万亿元打响"十大战役"，掀起滨海新区建设的新高潮，全面提升创新型城区建设的速度。滨海新区"十大战役"涵盖功能区开发、产业结构提升、社会事业发展、生态环境改善、人民生活水平提高等领域，依靠"十大战役"的平台效应，新区充分发挥自身作为综合配套改革实验区的制度优势，有效实现了资金、技术、人才和先进管理经验的积累和汇集。带动航空航天、新能源新材料、生物医药等战略性新兴产业的发展，逐步构建起适应创新型城区要求的，以战略性新兴产业为先导、高新技术产业为引领、优势支柱产业为支撑的产业体系。

（3）对接国家发展战略，抓住创新型城区建设的机遇。以推进创新型城区建设为契机，滨海新区及下属各功能区从技术和产业特色出发，不断加强与国家部委的合作，积极争取多项国家级试点工作落户新区，为滨海新区进一步活跃创新创业环境提供重要保障。

（4）聚集科技创新资源，加快提升区域科技水平。围绕创新资源聚集，新区积极推进公共技术研发平台建设，扶持企业技术中心建设，扶持各类科技服务机构发展，拓展科技成果向商业化转化的渠道。

（5）组织重大项目，助推新区产业升级转型。2010年新区组织推动的天津市四批自主创新产业化重大项目共58大项82子项，组织申报区级自主创新重大项目168项；2011年增设科技型小巨人成长项目和社会发展类项目。举办5次与中科院成果对接会，58个项目成功落户新区；与科技部共同建设滨海新区国家"863"计划产业化伙伴城区，成功吸引100项成果落户。重大项目的实施和引进，有效促进了滨海新区产业结构转变。

（6）培育小巨人企业，着力增强企业创新能力。2011年起，新区着眼于内生增长能力的提升，将引进、提升和孵育三大途径结合起来，大力发展科技型中小企业，培育科技小巨人。加大科技招商力度，引进领军企业；提升传统企业科技含量，促进企业转型；有力推动孵化载体建设，通过孵化器与产业化基地联动，逐步构建具备独特产业特色的孵化载体。

（7）营造良好的金融环境，激发创新创业活力。滨海新区围绕解决困扰中小型企业发展的融资难问题，大力营造良好的科技金融环境，一是积极鼓励金融机构落户滨海新区；二是推进对外金融合作；三是探索本土化金融模式，四是创新财政性资金使用方式，充分发挥政府融资平台的作用。

（8）全面推进科技惠民，提升人力资本聚集水平。新区从以完善人居环境，增强人才吸引力出发，全面推进社会事业发展，一是大力支持生态建筑、节能环保、食品安全、现代农业、科学普及等领域的发展，推动新区经济社会发展与资源、环境相协调；二是制定"十二五"低碳和循环经济发展规划，推进循环经济、低碳经济发展；三是编制新区"十二五"人才发展规划，构建适于各层次人才成长发展的制度环境，从而全面提升滨海新区人才聚集能力。

五、建设经验

滨海新区创新型试点城区建设形成了以"六个着力"为特色的建设经验。

(1)着力突破体制机制障碍,把深化改革、先行先试作为创新型城区建设的根本动力。新区推进试点工作的经验表明,创新型城区建设的顺利开展迫切需要破除当前制约区域科技进步的体制机制障碍,从财政、金融、科技、法律等诸多方面,建立有利于促进创新的制度体系,不断调整创新制度安排中不适应新经济形势的方面和环节,克服旧体制的弊端和影响,以此为基础调动全社会创新的动力。创新型城区建设的核心内容是改变我国长期形成的资本和劳动驱动型城市发展路径,建立以创新为动力的绿色、低碳和可持续发展模式,而这一模式的建立和实现,只能依靠深化体制改革,通过不断探索和先行先试,寻找一条适应区域特色的发展路径。

(2)着力克服创新资源严重不足的矛盾,把扩大科技工作的对外开放作为创新型城区建设的主要路径。创新型城区建设的顺利开展和不断推进高度依赖高密度的创新资源。从滨海新区建设创新型城区的进展情况表明,通过聚集创新资源有助于带动区域创新能力提升,有助于改变本地区发展观念,有助于形成包容性的创新文化。创新资源不足将严重制约区域经济转型和产业壮大。因此,聚集高水平创新资源是当前试点工作开展的主要途径,需要正确处理开发开放与自主创新的关系,立足自身能力培养,面向全球扩大科技工作对外开放力度,引进全球创新资源为我所用。

(3)着力解决企业技术创新能力不足的问题,把努力推动科技型中小企业发展作为创新型城区建设的突破口。创新型城区建设不仅仅是一个目标,也是一项需要持续开展的工作任务。滨海新区的实践表明,建设创新型城区必须立足实际,从基础工作做起,选择若干薄弱环节,集中力量重点突破。国内外研究显示,企业是城市经济发展的微观载体,中小企业不但承担着解决就业的重大责任，也是孕育新兴产业的重要来源。因此提高企业在区域技术创新中的主体地位，增强科技型中小企业技术创新能力，就成为持续推动创新型城区建设的重要突破口，以此为抓手，逐步实现以点带面、全面发展的目标。

（4）着力调整以加工生产为主的经济结构问题，把培育战略性新兴产业、培育创新创业平台作为创新型城区建设主要任务。经济结构问题是制约区域可持续发展的主要障碍之一，也是创新型城区建设需要重点解决的问题。滨海新区试点工作经验表明，构建适应创新型城区建设需求的经济结构和产业体系，是当前创新型城区建设的首要工作，而培育创新创业平台则是实现这一目标的重要途径。经济结构的调整主要包括三个方面的内容：一是逐步淘汰高污染、高能耗产业；二是依靠技术升级改造传统劳动、资本密集型产业；三是大力培育战略性新兴产业。其中，前两项任务是创新型城区建设的阶段性工作，形成以新兴产业为主导的现代产业体系则是创新型城区建设的最终目标。

（5）着力推动科技创新与城市发展的全面融合，把依靠科技进步带动经济社会总体发展作为创新型城区建设的核心目标。创新型试点城区建设与城市经济社会总体发展紧密相关，因此应当从更加宏观的角度看待这项任务，切实体现创新型城区建设对城市发展各方面的影响：一是调动社会各界参与创新型城区建设的热情；二是形成创新型城区建设成果的辐射带动作用；三是确保科技创新对国计民生各个领域的支持效果，从而充分显示创新型城区建设本质，反映我国设立创新型城市试点的初衷。

（6）着力塑造激励创新的社会文化氛围，把完善环境建设作为创新型城区建设的重要保障。实践经验表明，构造鼓励创新的社会氛围是提升城市创新能力的根本。目前，尽管国内各个创新型城市试点均在建设方案中对社会文化环境提出了一系列要求，但是在后续措施中，鲜有与其直接相关的内容，这就造成创新型城市建设中过分注重硬件建设，忽视软环境的问题。滨海新区创新型城区建设经验也表明，没有良好的创新环境，就不能确保创新型城区建设的持续进行，也不能充分发挥创新资源的实际作用。从这一观点出发，对滨海新区这样白手起家，科研资源、人才资源相对缺乏的地区而言，以制度建设为依托，大力加强环境塑造，为创新者创造更多机会，使创新者能够随心所欲地实现自身价值，这是建设和发展创新型城区的重要保障。

六、创新型城市建设模式

滨海新区在打造创新环境、聚集科技中小企业、促进成果转化、加速科技与金融的融合方面取得了阶段性进展，走出了一条"创新驱动、内生增长"的道路。滨海范式找到科技与经济有机结合的着力点。按照《滨海新区关于深化科技体制改革的意见》，形成了以六大路径为依托的六轮驱动模式：

（1）用支撑体系打造一块激励科技创新的肥田沃土。

（2）用政策支持体系造就一个"铺天盖地"、"顶天立地"的科企之林。

（3）用市场化模式引导，破解科技成果转化难的藩篱。

（4）用创新思路集合金融工具，解决科技型企业融资难。

（5）用科技生态服务链，营造科技创新的环境，实现产业集群发展。

（6）用机制体制创新，打造科技人才的向往之地。

（一）路径1：精心培育创新沃土

近年来，新区全力打造适合创新创业的肥田沃土。新区目前正在完善区域科技创新体系，按照"国家、天津市、新区三级政府联动，企业广泛参与、多元筹集资金"的平台建设模式，打造以技术创新支持体系和创业孵化服务体系为主要支撑、以"产学研协同创新和共享性充分体现"为特征的科技创新公共服务平台体系。截至2011年8月，滨海新区共拥有经认定市级以上各类重点实验室和研发中心206家，其中重点实验室22家，工程技术中心60家，企业技术中心124家。这些企业重点实验室、工程技术中心的提升，成为新区产业结构调整的桥头堡，带领新区高新技术产业快速发展。

同时，新区积极探索科研平台共享机制。滨海科技创意创业产业园，形成了"天河一号"国家超算天津中心、惠普、腾讯等35家高新科技企业组成的云计算产业联盟，以及诺梵文化交流有限公司、人通天下网络公司等一批文化企业，从而打造了以高科技文化产品制造和会展服务为特色的综合产业群。滨海国家影视网络产业园，聚集了福丰达、魔幻动力等一批国内外颇具影响力的文化创意企业，形成了以高新技术为特色的数字内容创意产业群。在滨海新媒体产业园，酷米网络、象形科技等知名企业已经入驻，形成了网游动漫数字娱乐、广告与新兴媒体产业群。滨海国家动漫产业示范园则吸引了华漫兄弟、引力传媒等60余家公司进驻，正在着力发展以低碳、环保理念为特色的文化创意产业群。滨海军事文化产业园，是以航母为核心，军事为文化内涵，建设集"三地一中心"于一体的国际创新、国内一流的世界级大型军事文化产业园，其中涉及文化旅游、表演、旅游商业、宣传展示、会展、国防教育、影视拍摄等业态，2012年，滨海新区文化和创意产业增加值为357.72亿元，占新区增加值的5%，成为支柱产业之一。

这几年，天津国际生物医药联合研究院、中科院天津工业生物技术研究所、国家纳米工程研究院、天津大学滨海研究院等诸多耳熟能详的科研巨头无一例外地落户到滨海新区。这些高质量的科技资源到来的同时，不仅带来了人才、团队，更带来了产业。滨海新区正在通过创新政策和加大扶持力度，打造创新创业的肥田沃土。在滨海新区，一大批创新资源正在不断集聚中，创新高地正在隆起。

(二) 路径2：聚集科企培育"小巨人"

区域经济发展，既需要大项目，也需要"小巨人"。而在这"双塔"战略中，科技"小巨人"应该是新区未来发展中"独具一格"的王牌。

在培育中小科企的过程中，一方面新区实施了"铺天盖地"和"顶天立地"两大战略，全面聚集中小型科技企业，通过提升中小科企的自主创新能力来提高产品的产值。滨海新区政府成立以后，已出台了一系列支持科技型中小企业发展的新政。例如，在国内率先确定区级高新技术企业。如今，这些"种子"企业已成为国家高新区技术企业的"后备军"。另一方面，为了切实解决科技"小巨人"成长的"烦恼"，新区建立了专业化的服务体系，提供个性化的贴心服务。

2012年以来天津滨海新区不断优化科技型中小企业的发展环境，取得了显著的成绩。新区年内新增国家级企业技术中心2家，列入国家、省市、区各类科技计划项目达到41项。2013年新区广泛聚集科技创新资源和科技成果，科技"小巨人"企业达到600余家。

2012年滨海新区科技实力和自主创新能力进一步增强，实施44项重大科技成果产业化攻关，形成了30项代表行业制高点的关键技术。新增国家级企业技术中心2家、市级企业重点实验室14家、市级企业技术中心13家、孵化器9家。科技型中小企业达到11023家、科技"小巨人"企业526家。刚刚被评为市级优秀科技"小巨人"企业的软通动力信息技术有限公司，以天津为技术研发基地成立了软通研究院，从事财产保险、资金管理、财富管理、宽带移动终端软件等多项解决方案与技术研究，经过几年的积累已拥有30项软件著作权及10项软件产品。

新区《方案》明确提出，创新科技型中小企业发展机制，培育壮大科技"小巨人"。将通过三条渠道助力"小巨人"快快长大：一是丰富和完善政府财政投入扶持方式，创新政府科技经费支持和分配方式；二是调动企业内部技术创新的积极性，创新股权激励、期权激励，调动企业管理人才和技术骨干的创新积极性；三是强化快速孵化器建设，激励创业活动，创新孵育载体支持政策。

2013年，滨海新区将继续巩固提升自主创新优势，支持重点研发机构建立分中心、实验室和应用平台，新建一批国家级、省部级工程技术研究中心和检测中心。推动实施大数据工程、三维打印等重大专项及示范应用工程。制定出台新一轮科技企业引导政策和助推计划，加大科技企业引进力度，加快孵育载体建设，新增各类孵化器10家以上，新增孵化面积30万平方米。全年新增科技型中小企业3000家、科技"小巨人"企业110家。此外，新区还将进一步优化创新环境，充分发挥科技金融作用，做好天使投资、创业投资、担保服务、小额贷款等业务板块，全面增强科技服务功能。继续开展国家"863"计划、中科院和高等院校科技成果对接活动，促进优秀科技成果落地转化。

（三）路径3：打破成果转化的藩篱

滨海新区在推进科技成果转化方面，充分调研科研机构和企业两个主体的积极性，让两个主体从一开始就坐在一起、融在一起，助推科技成果的转化。几年来，滨海新区共推出工业自主创新产业化等重大项目1440项，总投资2.2万亿元。以"天河一号"超级计算机，锂离子电池和现代生物技术为代表的一批重大科技成果加快向现实生产力转化。

依靠科技进步转变经济增长方式，滨海新区积极推动科技融入经济建设的主战场，让科技成果与大项目"聚焦"，促进科技成果加速转化。

截至目前，滨海新区聚集了110余家像空客A320这样的世界500强企业。这些行业巨头中九成以上的企业正在引领新区装备制造、新能源、新材料、绿色能源等科技密集型、低耗能产业向高端化、高新化、高质化方向快速发展，也为更多的科技成果转化落户带来了新的通道。滨海新区大力吸引聚集国内外科技资源，在新一代信息技术、生物医药、高端制造、新能源四个高技术领域进行试点，建设一批国家级高技术成果产业化基地、专业孵育机构和公共技术平台，形成四个高技术领域产业集群。

与院、校合作，开展成果对接，滨海新区成为推进产学研结合、加快高新技术产业化、促进高科技成果转化的"重镇"。

从2010年以来，中科院、市科委、滨海新区先后组织了一系列科技成果转化对接活动，对接活动采取"企业—技术—资本—人才"的模式，引入风险投资机构、金融机构和人才培养机构共同参与，加强企业、技术与资本间的无缝对接。此外，新区还设立了5000万元科技合作专项资金，支持成功对接项目的产业化。中科院45个研究所的150余位专家，携带近500个项目，与新区400多家企业对接，一批好项目在对接中诞生，投资千万元以上的落地项目24个，协议投资额高达12亿元。产学研结合成果丰硕。

作为国家"863"项目的伙伴城区，滨海新区出台多项政策，承接"863"项目的转化成果。每年投入10亿元的科技发展专项资金，安排1亿元上市专项资金，设1.5亿元融资引导资金，安排1亿元人才发展专项资金。深化部市合作，加强与高校合作，建立促进高校与滨海新区优势产业结合和成果转化的有效机制，鼓励和支持高校同滨海新区进行多渠道、多形式的战略合作，促进高校与滨海新区优势产业结合，加快推动高校科研成果产业化进程。例如，与国防科技大学合作共建的天津超算中心，使"天河一号"荣登世界超级计算机500强榜首；与南开大学共建的国际生物医药联合研究院，目前已经引进120个研发团队和项目，国外项目占到60%以上；与天津大学合作共建的滨海工业研究院、与中科院共建的工业微生物研究所、天津产业创新与育成中心等，也使大批科研成果在新区得以转化应用。

加速科技成果转化，拓宽科技成果在滨海新区实现产业化的渠道，是滨海新区打造高端制造业基地的重要举措，也是调整产业结构的重要举措。以成果的高水平、转化的高效益来增强产业发展中的科技贡献率。在世界范围内，研发的90%集中在制造业领域。滨海新区是国家级制造业基地，能否使科技成果与产业需要顺利对接，提高研发的效益，形成产业竞争力，是对区域市场体制、环境和运行质量的考验。滨海新区按照社会主义市场经济理论，创新了科技成果与产业需求的对接机制，产学研合作机制，建立了科技成果转化的促进政策，完善了市场环境，以完善的社会主义市场经济体制保证市场作用的正常发挥。把科学技术融入经济建设主战场，就是把生产力发展的主动权交给市场，以市场机制保障科技成果转化为现实生产力。事实证明，滨海新区的实践是成功的。

（四）路径4：让科技与金融完美结合

银企信息不对称，一直是中小科技企业很难贷款的一大"瓶颈"。2010年以来，位于滨海高新区的海泰担保公司和位于天津开发区的泰达中小企业担保中心纷纷加入专利质押贷款的阵营，成为银企之间的"红娘"。引入担保公司的间接模式已成为滨海新区科企融资独有的模式，即企业将专利权质押给担保公司作为反担保措施，担保公司为企业向银行提供融资担保，进而银行对企业发放贷款。2010年，滨海新区以此种模式进行的专利权质押融资业务金额占到六成。

近年来，新区制定了相关支持科技型企业投融资的一系列政策措施，成立了政府创投类企业8家，科技小额贷款6家，科技担保公司9家，率先推行了股权激励、中小企业信用担保试点等新的"科技+金融"的新招法。未来三年，将初步建成一个富有新区特色的科技投融资体系。

通过深化科技体制改革，新区将基本形成以国际化、系统化为特色的科技创新政策体系，政府引导、市场主导和促进科技型中小企业孵化、成长、壮大的支持机制，产学研紧密合作的体制，集聚国内外科技创新资源的制度和机制，科技与金融有机结合机制以及公共服务与社会化服务有机结合的科技中介服务体系等，率先成为机制先进、体系健全、富有活力的高端产业高地和研发转化基地。

（五）路径5：完善服务体系打造科技生态服务链

《滨海新区关于深化科技体制改革的意见》明确新区将在科技中介服务管理体制方面取得创新突破，推行科技中介服务政府采购制度。对为科技型中小企业提供管理、技术与信息咨询等服务的中介机构，政府给予一定比例的资金补贴。通过政府购买服务等方式，促进技术与管理咨询、检验监测、技术转移等科技服务机构发展，为科技型中小企业提供全方位优质服务。

滨海新区在构建科技公共服务体系的过程中，不断完善三个链条——产业链、创新链和服务链。"产业链"是把分散的企业通过产业链条组合起来；"创新链"是知名高校和重量级的研究所组成的研发智库；"服务链"则是指每一个环节都有它相应的配套，提供公共服务平台，提供市场开发培训，提供企业之间相互交往的平台。

鼓励民间创业，鼓励中介机构走"专、精、特、新"的发展路子，这不但可以营造创新创业氛围，引导企业向主导产业和龙头项目周边集聚，向产业上下游延伸，打造完整产业链，还可以促成中介与企业、大企业带动小企业配套的集群式发展格局。

《滨海新区关于深化科技体制改革的意见》针对科技工作中力量分散、封闭分隔、投入产出不高等问题突出了一系列改革要求，体现出了融合、开放、市场化的特色。比如，在发展科技服务业方面，这次也提出要政府采购科技中介服务，这样既满足了科技企业的服务需求，同时支持了一批科技中介服务机构的发展。

滨海新区充分发挥区域龙头带动作用，大力发展新型科技服务业态，产业规模和结构不断提升和优化。截止到2012年底，全区科技服务类企业达500余家，比2010年增加300多家，成为全市科技服务业的龙头和主力。

滨海新区紧紧把握国内外科技资源向滨海新区加速聚集的机遇，全力推进企业创新服务平台建设，仅2012年，新区财政投入1480万元启动建设了7个服务平台和生产力促进中心项目。目前，新区共有包括生产力促进中心、创新驿站在内的创新服务平台22家。此外，新区加快建设产业公共技术服务平台，投入财政支持资金4560万元支持20多个重大产业技术公共服务平台建设。这些确立了新区在高新技术产业技术研发方面的优势和领先地位。

滨海新区充分发挥产业基础优势，吸引聚集一批科技服务机构落户新区。2012年，经审核认定新注册成立的科技服务型中小企业超过100家，聚集了包括天大工业研究院等一批水平较高、规模和影响力较大的科技服务企业。

2012年伴随科技型中小企业的发展，新区科技服务业机构进一步壮大，全区科技服务类企业达500余家，预计增加值增长20%以上。新区科技服务业机构无论从数量还是产业规模来讲，都已成为本市科技服务业的龙头和主力。预计到2015年，科技服务业增加值年均增长率达到20%，科技服务业增加值达到400亿元。

2012年，新区财政投入1010万元启动8个孵化器项目。截至目前，新区共有各类科技型企业孵化器42家，在孵企业达到3000家。

目前，新区已建包括中新天津生态城国家动漫产业示范园等41项投资规模过亿元的科技服务业大项目，总投资额283亿元。建成国家超级计算中心等重大公共技术服务平台，新建国家信息安全工程技术中心等创新平台。形成了以滨海高新区为核心,以开发区、空港经济区、塘沽海洋高新区三个科技创新服务园区为辅的"一区带三园"的战略性新型科技服务发展格局。

从《滨海新区关于深化科技体制改革的意见》中不难看出,科技服务业已成为新区技术创新服务体系的重要组成部分。一批科技服务机构的入驻,已经成为新区构筑专业化、国际化、市场化和社会化的创业服务体系的有力支撑。

(六)路径6:打造科技人才的向往之地

滨海新区为建设制造业高水平研发转化基地,积极推进产学研结合,实现科研、技术开发和生产应用一体化,加速科技成果转化,形成吸引人才、留住人才和发挥人才作用的新机制,吸引高端人才来新区创业。

按照《滨海新区关于深化科技体制改革的意见》,新区在高层次科技人才聚集和激励机制上取得突破创新。全面推行高端人才全球招聘制度,打破单位和部门限制,试行兼职兼薪的双聘制度;对高水平团队和人才给予长期稳定支持,支持各类高层次人才携带可转化、具有自主知识产权的成果创新创业。研究制定《职务发明人奖励办法》,鼓励科技型中小企业实施知识产权入股和配股,推行科技成果研发转化期权分红机制,创新区外科技人才的利用方式,尝试外籍和外地高端科技人员主持财政资助的科技项目。

滨海新区在成立之初推出了科技奖励办法,表彰鼓励科技人员,营造全社会尊重创造、激励创新的氛围。未来,新区还将继续敞开大门,不遗余力地实施人才强区战略,努力完善创新创业和公共服务两大载体,全方位打造适宜创新人才成长的环境。

滨海新区通过良好的发展环境和优惠的人才政策,吸引大量人才落户。5年来,滨海新区拥有专业技能和中级以上职称的人才总量,从5年前的12万人跃增到65万人,增长了4倍多;吸引两院院士、长江学者、国家科技奖项带头人等高端人才320余人;入选国家和本市千人计划数量从2008年时的8人跃增至35人。

5年来,滨海新区一方面以项目为载体,采取柔性流动方式,聘请国内外顶尖专家为滨海新区服务；另一方面积极搭建多样化人才智力引进平台，充分发挥"津洽会"、"滨海国际人才市场"等平台作用，定期组织海外高层次人才招聘活动，招贤纳才。

  如今，天津滨海新区人才聚集效应进一步凸显。目前，国内外众多科技专家、白领高管、技能人才纷纷落户滨海新区。5年来，滨海新区先后制定出台了《滨海新区引进紧缺人才暂行办法》等多项政策，各功能区分别出台100多项有关人才落户、住房、医疗保险、配偶就业、子女入学等个性化人才措施，形成了统一协调、配套衔接、相互支撑的人才政策体系，为新区人才搭建了施展才华、实现理想的舞台。随着《滨海新区关于深化科技体制改革的意见》的全面实施，新区成为"人才向往之地"、"人才集聚之地"将指日可待。

第九章 三区联动 转型发展
——重庆沙坪坝区创新型城区建设模式

一、沙坪坝区的发展历史与概况

沙坪坝区地处重庆市区西部,是红岩精神的重要发祥地。全区土地面积396平方公里,下辖24个街镇,常住人口100万。域内历史文化积淀深厚,城市发展繁荣兴旺。

沙坪坝区科技教育发达,是长江上游科教文化名区。区内有高校18所,电大职大10所,中小学87所,在校学生近30万人,科研院所65所,科技工作者8万余人。区内有重庆大学城、"国家级重庆大学科技园"、国家级重庆图书馆、五云山寨学生素质教育基地。全区教育文化形态完善,是全国"科技工作先进区"、"国家级星火技术密集区"和"文化工作先进区"。

沙坪坝区交通通信畅达,是西南地区人流、物流、信息流要道。全国铁路集装箱网络重庆中心站、西南地区最大铁路编组站和国家二级火车站等七个火车客货站棋布于此,是"渝新欧"欧亚大陆桥桥头堡和"渝泸"、"渝深"起点;国道、省道等高等级公路五条,成渝、渝长、渝遂、上界、绕城高速公路纵横域内,地铁一号线一期投入使用,抵达重庆江北国际机场仅需半个小时。

沙坪坝区开放平台集聚,是重庆对外开放的重要窗口。33平方公里的重庆大学城是国内建设规模最大、综合功能最强、入驻高校门类最齐、入住师生最多的大学城之一。大学城投资超过300亿元，13所高校全部建成，成为13个生态公园式校区，校舍总面积达到410万平方米，师生约15万人，到2015年将达25万人，成为开放的人才、智力高地。37平方公里的西永微电子产业园创新加工贸易模式，实现电子信息产业集群发展。引进项目152个，世界500强企业超过10家，完成投资超过250亿元，建成标准厂房等各类楼宇230万平方米，富士康、广达、英业达三大代工厂全部实现生产，在建产能4000亿元，预计2015年将实现产值5000亿元，成为开放的高新技术产业高地。西永综合保税区、西部现代物流园构筑起开放的战略平台和对外大通道，成为内陆开放前沿。10.3平方公里的西永综合保税区是全国规模最大、模式最新、建设最快的内陆保税区，实现"当年审批、当年建设、当年封关运行"；33平方公里的西部现代物流园完成投资76亿元，中国外运等13个项目签约入驻，集装箱中心站高效运行，铁路编组站建设快速推进，打造铁海联运国际货运枢纽，成为全国第三个、内陆第一个中欧"安智贸"试点港，是西部开放的战略平台和物流高地。

沙坪坝区工业基础雄厚，目前有规模以上工业企业235家，其中力帆集团、小康汽车、康明斯等大中型企业50家，总数位居全市第三。工业门类齐全，涉及26个大类79个小类。区内有西永微电子产业园、西永综合保税区、台资信息产业园配套园、西部现代物流园、沙坪坝区工业园、重大科技园等工业发展平台。随着惠普、富士康、英业达、广达等全球知名IT企业陆续入驻，高新技术产业迅速崛起。现已形成电子信息制造业、交通运输设备制造业、通用设备制造业三大支柱产业。

沙坪坝区第三产业发达，市场潜力巨大，是重庆重要的物资集散地和商贸区。有重庆百货、新世纪、新加坡嘉茂购物中心、北京王府井、煌华新纪元、国美电器等知名商家组成的66万平方米成熟商业圈，三峡文化广场步行街被评为"中国十大特色商业街"、"全国特色文化广场"，是重庆"长江三峡文明长廊建设示范点"。马家岩建材市场、梨树湾金材市场、和平医药现代物流配送中心等五大专业批发市场为我区物流发展打下了坚实的基础，50余家金融机构为振兴地方经济作出了卓越贡献。

沙坪坝区旅游资源丰富，融巴渝文化、沙磁文化、抗战文化、红岩文化于一体，形成了歌乐山名山旅游、磁器口古镇旅游、休闲购物旅游、都市温泉旅游、都市乡村生态旅游等品牌，每年接待中外游客上千万人次。磁器口古镇被评为"中国历史文化名街"，磁器口民俗文化餐饮街被命名为"中华美食街"；歌乐山国家森林公园被誉为"山城绿宝石"，被评为全国优秀体育公园；融汇温泉作为亚洲首席都市生态温泉，是重庆温泉之都的标杆性温泉；歌乐山烈士陵园景区是为全国十大红色旅游景区。

2011年，实现地区生产总值560.3亿元，同比增长24.2%；完成财政总收入101.8亿元，同比增长20.9%；地方预算内财政收入40.7亿元，同比增长38.1%；实现工业增加值275.4亿元，同比增长40.0%；完成全社会固定资产投资385.2亿元，同比增长27.1%；实现社会消费品零售总额1136亿元，同比增长26.0%。

二、沙坪坝区创新型城区建设的基础条件

（一）拥有丰富的科教资源和产业拓展空间

区域内科技创新能力强，是全国科技进步先进区、国家科普示范城区、国家科技进步示范区、全国知识产权强县工程实施区。在沙坪坝400平方公里的土地上，云集了19所高等院校、87所全市最好的中小学。全区科技工作者8万多人，有院士6人，国家突出贡献专家23人，博导、教授、高级专业技术人员5539人，中级以上的各类专业技术人员6万多人，博士后流动站20个。全区有面向产业发展的科研院所65所，拥有国家级重点实验室3个、国家工程技术研究中心2个及一批省部级重点实验室（工程中心）。拥有的国家级高新技术企业数、国家级重点新产品数、国家级科技项目数均位于全市前

列。沙坪坝区内拥有广阔的产业发展空间,为大学和科教用地的拓展提供了珍贵的土地资源,大学用地近几年得到扩展,建成了13所大学入驻的重庆大学城。该区是全市区县一级中唯一成立了科技工委的区域;同时,在全市率先成立区一级知识产权局、建立生产力促进中心、推行"专利特派员"。

(二)重庆大发展的历史机遇

西部大开发和国家战略的机遇,有利于打造沙坪坝新优势,提升区域竞争力;重庆建设国家中心城市、建设内陆开放高地和"二环时代"到来的战略机遇,能够最大限度为沙坪坝聚集要素,提升开放型经济水平。另外,自2006年以来,重庆市更迎来了建设统筹城乡综合配套改革试验区、两江新区开发开放、实施三峡后续工作规划、建设成渝经济区等重大历史机遇,经济社会发展进入全面发力、阔步前进的新阶段。

(三)独具特色的文化资源

沙坪坝区是红岩精神的发祥地、抗战遗址密集区、集国共和谈、千年古镇、百年学府、抗战文化、红岩文化于一身,引领着西部文化的发展,带动着沙坪坝区的社会进步。有重庆码头文化的主要发源地之一的千年古镇磁器口为主体的沙磁文化,还有新中国成立以来传承沉淀的众多群众活动品牌,一大批大专院校、科研院所和文化机构云集形成的科教资源,可以说,沙坪坝区的文化底蕴丰厚,开展区域文化资源整合与利用工作具有得天独厚的先天优势。

(四)较强的综合经济实力和较快的产业调整步伐

"十一五"时期全区地区生产总值累计完成1571亿元,是"十五"时期的2倍;进出口总额累计完成34.7亿美元,是"十五"时期的2.3倍;全社会固定资产投资累计完成1112亿元,是"十五"时期的3.1倍;社会消费品零售总额累计完成743亿元,是"十五"时期的2.6倍;地方预算内财政收入累计完成129.7亿元,是"十五"时期的4.6倍。产业结构调整步伐明显加快。"十一五"期间，不断淘汰落后产能，加速升级传统产业，产业结构已从第二产业引领发展演变为二、三产业联袂发展，二、三产业对GDP的贡献率累计分别约为52%、46%，第三产业贡献率比"十五"时期提高了近5个百分点。以机械加工、装备制造为主的传统制造业转变为高技术产业与先进制造业相互呼应、共同发展，且电子信息产业正快速向第一支柱产业的方向发展；现代物流、服务外包等新兴的生产性服务业日益壮大，改变以传统的商贸流通为主的第三产业结构；传统农业的比重进一步下降，传统种养殖业逐步为观光、休闲、体验的新型农业替代。伴随着产业平台建设加快、产业结构调整力度加大，大批技术力量雄厚、创新能力强、市场占有率高、管理先进的各领域知名企业纷纷进驻沙区，并以它们为龙头形成竞争力强的企业集群。

三、沙坪坝区创新型城区建设的主要成绩与特色

（一）创新平台：打造"一城三园"

依靠优势资源，探索创新转型，沙坪坝在产业发展、城市转型等方面，已经取得了不俗的成绩。依托"一城三园"开放平台的建设，已形成与"两江新区"两相呼应的开放格局。

重庆大学城已基本建成，成为西部教育高地的标志性象征与基础性平台。重庆大学城位于沙坪坝区虎溪镇和陈家桥镇，规划面积33平方公里，人口50万左右，建设总投资约300亿元。按照"五城"（教育城、科技城、人才城、文明城、生态城）、"四化"（现代化、国际化、网络化、生态化）的理念打造西部领先、全国一流的大学城。

大学城现入驻高校13所，门类齐全，办学层次多样。校园按照基础设施一体化、教学设施及科研设施一体化、文化娱乐设施一体化、后勤服务设施

一体化、师生资源一体化的要求实施建设。

重庆大学城的建设为全市高校拓展了办学空间，为重庆市主城向西发展战略搭建了重要平台，为形成以"西部教育高地、高新技术高地、现代物流高地"为基础特色的重庆市第六个城市副中心——西永城市副中心奠定了坚实基础。

作为推动重庆新一轮产业发展的增长极和创新核、长江上游经济中心对外开放试验区和示范区，西永微电子产业园正致力于通过从政策到机制一系列创新要素的富集，实现到 2015 年年产 8000 万台笔记本电脑、7000 亿元总产值、800 亿美元进出口额、40 万人就业的宏伟发展目标。借力西永微电子产业园，沙坪坝区已成为重庆产业结构调整的主战场。

而重庆西部现代物流产业园则依托长江经济带和西部广袤的物流产业支撑，以铁路集装箱中心站、铁路编组站为核心，打造铁路枢纽型经济试验区。

（二）全域、全员、全过程创新

沙坪坝区把创新作为转变经济发展方式和重塑城市功能的重要支撑，确立全域创新理念，优化创新环境，实施创新工程，构建系统化、多元化、多层次、开放型的区域创新体系，努力建设成为创新人才聚集地和科技活动交流中心、重庆市的创新发展核心区。在未来 5 年间，该区将把完善技术创新体系、激发企业创新主体活力、优化创新政策环境、强化创新人力支撑作为创新保障，实施创新产业集群工程、产学研联动工程、促进低成本创业工程、重大科技平台搭建工程及中介机构搭建工程五大工程作为试点的重点任务，以加快区域科技创新体系建设，完善创新链条，促进基础研发、应用技术开发、技术成果产业化的良性互动发展，提升自主创新能力。

（三）创新路径："三区联动"和"产学研一体化"机制

沙坪坝区根据本区经济实力和科教资源现状，明确提出了城区、校区和园区"三区联动"的发展理念和"一区三高地"（沙坪坝区、西部教育高地、高新技术产业高地和现代物流基地）空间布局规划，把大学作为整个城区发展的核心和重点，统筹规划和配置发展资源，突破资源分散和整合的"瓶颈"。"三区联动"的发展理念，已成为区域发展的旗帜。

(四) 调整空间结构，着力优化产业布局

东部主城区是中梁山以东的沙坪坝区原主城全部区域，包括沙坪坝三峡广场中心区、上新城市核心区、井双城市核心区和嘉陵江水域，属于优化准入环境功能区。三峡广场中心区和上新城市核心区重点发展商务服务、商贸流通、要素市场，打造区域CBD；井双城市核心区提升传统制造业，引导发展研发设计、商务商贸、文体娱乐，建设区域专业服务中心。中部生态保护区为中梁山脉的沙坪坝区域，除城镇建设用地属于限制准入环境功能区外，自然生态用地属于禁止准入环境功能区，突出生态保护和修复，加快推进污染型工业企业的关停并转，大力发展观光旅游、休闲养老、度假体验等产业。西部新城为中梁山以西，绕城高速公路以东的沙坪坝区域，包括重庆大学城、西永微电子产业园、台资信息产业园、西部现代物流园等功能片区，除农业保养区属于限制准入环境功能区外，其他地区属于重点准入环境功能区，重点发展教育培训、科学研究、生产制造、研发设计、服务外包、商务商贸、金融服务、物流、要素市场、会展、电子商务等产业。西部生态农业区为绕城高速以西、缙云山东麓为主体的沙坪坝区域，除城镇建设用地属于限制准入环境功能区外，自然生态用地属于禁止准入环境功能区，重点发展现代都市型农业，建设现代都市农业示范区。

(五) 初步形成产业创新主体和要素的集聚

以提高产业自主创新能力为核心，以深化产学研合作为抓手，建立以政府为依托的政策扶持体系，建设公共科技服务平台，加强企业研发机构建设，在电子信息、新材料、新能源等领域，组建起一批产学研技术联盟，初步打造高端型、集群型、总部型的高新技术产业体系。

(六) 科技金融助推创新型城区建设

（1）金融支持经济发展的可持续性平稳增长。重庆市金融业增加值持续增长，金融贡献度虽略有起伏，但总体上呈增长趋势。积极开展科技融资担保服务，依托重庆科技资产控股有限公司出资 1 亿元，成立不以营利为目的、国有独资的重庆科技融资担保有限公司，以政府信用实现 5~10 倍的担保放大效应，撬动和聚集信贷资源支持科技创新，帮助科技型中小企业降低融资成本。

（2）加大科技创新投入力度。2009 年沙坪坝区 R&D 经费支出总量为 124166 万元，占全市总量的 15.63%，总量在全市居第一位，年平均增长 27.6%。R&D 经费总支出占 GDP 比重为 3.57%。其中，工业企业 73634 万元，占 59.3%，年平均增长 33.2%，高等学校 49834 万元，占 40.1%，研发机构及其他 698 万元，占 0.6%。工业企业的科技创新投入在沙坪坝区科技创新活动中占据主导地位。

政府扶持资金对于地区自主创新能力的提升也具有重要的引导作用。近年来，重庆市地方财政科技拨款总额呈逐年递增趋势，2009 年达到历史最高水平，为 15.6 亿元，比 2005 年增长了 1.6 倍。同时，为促进重庆市科技创业风险投资体系建设，2008 年重庆市政府决定出资 10 亿元设立科技创业风险投资引导基金。到目前已吸引众多社会资本和国内外优秀的创投机构聚集重庆，成功组建创业风险投资基金 18 只，其中 7 只已开始投资项目，规模达 35 亿元，引导基金出资 7.13 亿元，以 1∶4 的杠杆效应吸引近 28 亿元社会资本。此外，重庆市自 1995 年开始实施的科技型中小企业创新基金，到 2011 年已经累计投入 5 个多亿，支持 500 多家中小企业在初创期立足并稳定成长，主要涉及光机电、电子信息、生物医药等行业。这些资金的投入对推进科技成果转化，发展高新技术产业起到了重要支撑作用。

（3）增强科技金融政策支持力度。近年来，重庆市出台了一系列科技金融政策，就加强科技金融结合、促进科技创新和高新技术产业发展出台了具体的政策措施，为充分发挥金融在助推经济转型升级中的积极作用、转变经济发展方式、发展创新型经济提供政策依据。

（4）重庆市聚集各类投融资要素为科技创新搭建综合服务平台。2009年启动"重庆市科技金融服务战略"，旨在推动科技创新、支持科技型企业发展。2010年，重庆市科委全力打造科技金融"投、保、贷、补、扶"五位一体的服务体系，在重庆生产力大厦建立了"一站式"的投融资服务中心。2010年，重庆市科技创业投资协会成立，致力于资源整合，为创投、银行和企业投融资活动提供专业化服务。

（5）沙坪坝区政府积极助推金融支持进社区，对于辖区内发展潜力好的企业，由区金融办协调金融机构提供资金支持，并推荐其到重庆股份转让中心托管，逐步打造成为上市公司；对于辖区内的微型企业，金融办积极争取优惠政策，为企业提供资金补贴。

（七）建成了一批企业创新载体和技术创新公共服务平台

积极"产学研一体化"机制，搭建创新服务载体、平台和通道，持续推动科技成果的转化、科技企业孵化和产业化，形成互通的内生性增长机制；探索创新型人才聚集、创新型思想萌生、创新型成果汇集的机制；创造条件鼓励全社会自主创新、再度创新，努力形成崇尚创新、宽容失败的理念和氛围。通过全面改革创新构建具有可持续发展能力的创新型城区。

民营企业是创新型城区建设中的主要创新主体。在沙坪坝区民营企业中，已拥有国家级、市级、区级研发中心13个。

建起面积为1.2万平方米的创新生产力服务大厦，引进了近20家中小型孵化企业和科技中介服务机构。2011年，沙坪坝区创新生产力促进中心被市科委认定为市级科技企业"孵化器"，2012年，获得国家级生产力中心认证。近两年来，沙坪坝区通过已建成的3家国家级生产力促进中心、1个国家级科技企业孵化器、4个国家级科技成果转化平台。这些科技创新平台，已在促进沙坪坝区民营企业科技创新中发挥出重要的作用，转化的科技成果上百项。

沙坪坝区还利用区域内大学生的资源，搭建创业平台，专门在重庆大学城建设重庆市大学生创新创业科技园，设立大学生创新创业基金，鼓励大学生创新创业。

在鼓励大学生和科研人员创业中，沙坪坝区还与在区域内的重庆大学联合建立重大科技园，为科研人员和大学生创业提供条件，并从资金等多方面进行扶持。截至2012年5月，这一科技园中已孵化出科技企业298家，高新技术产品58项，累计实现总收入248.4亿元，入库税收达18.9亿元。

在集聚科技资源中，沙坪坝区按照"资源集约、资本集中、服务集成"的方式，实施规模民营企业"退城进园"战略，通过所建的台资信息产业园配套园和西部现代物流园，给予标准厂房与研发楼配套、场地租金等要素优惠，集聚民营企业。现该区已有9户民营企业入驻台资信息产业园配套园，280户民营企业入驻西部现代物流园。

实行中小民营企业集群发展，也集聚了民营科技资源。该区确定井口镇、青木关镇等6个镇为民营经济发展重点镇，建成沙坪坝工业园A区、新开寺工业园等11个都市工业园，建成了大学生微企创业园等4个中小企业孵化基地以及4个市（区）级都市工业楼宇，扩展了民营企业创业、发展空间，促进了民营企业集群式、规模化发展。

在资金等扶持上，沙坪坝区每年设立1000万元创新发展基金，用于民企创新研发投入、创业风险投资和科技创新奖励。沙坪坝区出台了《民企专利成果转化管理办法》，建立区知识产权服务中心、14个街镇知识产权工作站和3个民营企业行业知识产权联盟，政府出资聘请10名"专利特派员"入园进企，为民企提供专利"一站式"代理服务。出资533万元无偿资助28家民企专利成果转化为生产力，培育市级以上知识产权示范试点民企11家，民企持有专利授权数987件，拥有中国驰名商标2个、国家级名牌产品1个、重庆市名牌产品27个。

四、沙坪坝区建设创新型城区的未来思路

坚持把创新作为转变经济发展方式和提升城市品质的重要支撑,确立全员、全域、全过程创新理念,优化创新环境,实施创新工程,构建系统化、多元化、多层次、开放型的区域创新体系,推动经济、社会和管理全面持续转型,努力把沙坪坝区建设成为创新人才聚集地和科技活动交流中心、"长江上游的科技创新中心和科研成果产业化基地"核心区。

(一)激发创新主体意识

发挥好企业作为自主创新的主体作用。大力扶持高新技术企业和科技服务业企业发展。积极引进和引导企业建立各种企业技术中心,鼓励企业与科研院所开展研发合作,鼓励企业积极参与国家和市、区各类重大科技计划的实施,大力开展自主创新。健全企业研发投入保障机制,通过政府引导,到2015年,全年R&D经费支出占全区GDP的比重达到2.5%以上,大中型企业技术开发经费不低于当年销售收入的2%,市级企业技术中心不低于3%,国家级高新技术企业不低于5%。加大政策支持力度,增加区级创新基金、专利成果转化资金、社会发展领域科技和科普项目资金支持,力争到2015年,新增15家区级企业研发中心,1~2家升级到市级、国家级企业研发中心,新增30家国家级高新技术企业。大力鼓励现代服务型企业建立研发机构。发挥好科研院所基础创新的主体功能,为科研院所激发科研人员创新活力创造条件,提高基础学科、应用科学的研究能力,促进科研院所提升科技成果转化能力。制定创新资源共享的机制,协调企业与科研院所等方面的利益,推动产学研联动、合作,到2015年,在电子信息、高端装备制造等领域,组建5个以上产学研技术联盟。发挥好个人创新主体的能动性,开展发明创造、创意设计的系列评比、讲座等活动,鼓励社会机构组织设立创新发明基金,宣传、褒

奖个人创新。通过大力发展科普事业,提高公众科学素养,形成个人在生活、工作中坚持创新和运用创新成果,增强个人创新、发明、创造能力,鼓励个人申请专利,到2015年,每万人发明专利授权数达到184件,营造人人参与创新氛围。人均科普经费年均增长10%。发挥好政府环境营造的主体作用,明确政府全员服务创新责任,提升服务创新的能力,优化创新发展的政务环境。积极搭建创新创业载体和公共服务平台,积极引进各种服务创新专业机构,重点探索产学研一体、地方投融资创新、科教文卫优势深度转化模式,到2015年,科技开发应用投入占地方财政一般预算收入比重不低于2.07%,确立在重庆创新发展的示范引领地位。

(二)优化创新政策环境

(1)出台区级相关配套措施,全面落实国家、重庆市支持创新发展的财税政策。争取国家创新方面的税制改革在沙坪坝区进行试点,出台区级政策,帮助企业通过加速折旧、研发投入抵扣等方式鼓励创新。在土地、能源等生产要素配置上,给予创新企业政策优惠。鼓励和支持企业参与国家、市科技重大专项。制定并细化大学生创业及微型企业创办的相关政策。进一步探索科技成果入股和成果分红的多种方式,自主创新产品优先进入政府采购目录,激发创新积极性。

(2)营造尊重和保护知识产权的制度环境。深入实施知识产权战略,切实保护创新成果和创新积极性。鼓励企业发挥自身优势,通过原始创新、集成创新和引进消化吸收再创新,形成具有自身特色的企业知识产权体系。鼓励和促进行业之间、企业之间知识产权合作,建立知识产权联盟,促进企业间深层次合作,提升企业整体竞争优势。加大对知识产权侵权行为的打击力度。

(3)完善创新创业融资环境。积极探索"投、保、贷"的科技金融支持体系,搭建创新融资平台,出台鼓励企业直接间接融资的相关政策,完善企业上市指导服务体系和相关配套政策体系,进一步鼓励科技创新企业通过境内外上市、与风险投资合作等方式实现直接融资。发行企业债券,运用信托、信用质押等进行间接融资。鼓励科技创新企业采用离岸金融结算、电子商务结算、人民币跨境结算等方式。鼓励科技创新型企业积极寻求海内外投资伙伴,到2015年,力争实现区级风险投资平台融资5亿元,争取推动1~2家科技企业在创业板、中小板融资上市。

(三)强化创新人力支撑

加强党政人才、企业经营管理人才、专业技术人才和城乡技能人才四支队伍建设。着力培养具有战略思维、创新精神的党政管理和企业管理队伍,培养科技领军和学科带头人等人才。广泛吸纳各类实用型人才。利用和申建企业博士后科研工作站,加快引进开发型、创新型和紧缺型人才。为引进人才提供税收、住房、医疗、子女就学等方面的优惠和便利。形成适合各类人才做事、创业、发展的环境。力争建设国家级的重庆市创新人才服务集聚区,成为重庆市乃至西部地区重要的创新人才、智力交流汇聚地。

(四)实施系列创新工程

实施创新产业集群工程,以电子信息产业创新集群建设为突破口,加快培育一批在全国有一定影响,在重庆处于领导地位的创新产业集群。实施产学研联动工程,引导企业与高校、科研院所共同建立孵化中心与科技转化平台,探索科技转化机制,完善研究成果向产业成果转化条件。实施促进低成本创业工程,以构建低成本创业发展平台为突破口,打造从预孵化器、孵化器、加速器到内外部产业化基地构成的完整创业创新服务链。实施重大科技平台及中介机构搭建工程,争取建立国家级电子信息、汽车摩托车等产业重点实验室、工程研究中心,争取设立市级科技成果转化市场,引进、建立和扶持一批专业化服务水平高、组织协调能力强的骨干科技中介服务机构。

(五)加快科技创新步伐,推动科技企业孵化器建设,支持民营企业创新

按照"政府引导、多元化投入"的原则,探索"预孵化+加速器"、"孵

化+投资"的科技成果孵化模式，完善投融资、网络孵化资讯、公共技术支撑、创业人才培养、技术成果交易五大服务平台。加强科技企业孵化器、留学人员创业园、特色科技园创新服务中心、大学生创业基地、大学科技园等孵化载体建设，形成较为完善的科技成果孵化体系。建成一批具有较高知名度的科技企业孵化器，聚集一批高水平的创业企业家，培养一批具有高成长潜力的高新技术企业，发展壮大一批特色产业集群和创新集群。

未来5年将完善研发、中试生产、经营场地、办公场所等公用孵化环境与设施；形成一支稳定的创业导师队伍；建设和完善孵化资源共享等公共孵化服务平台和工业设计、微电子技术开发等专业孵化服务平台；引进和转化一大批国内外先进实用的技术和产品。到2015年，孵化器总数达到100家，实现区县及主要工业园区全覆盖，孵化服务面积达到300万平方米，培养创业孵化专门人才1000人以上，培育科技型企业3000家以上。

五、沙坪坝区创新型城区建设模式

沙坪坝区把创新型城区建设和推进城区的经济、城市、社会转型结合起来，立足本地科教资源优势，推进城区、校区和园区的三区联动，实现城市的转型发展。重庆沙坪坝区的创新型城市建设模式可以归结为"三区联动转型发展"。

沙坪坝区创新型城市建设已经取得明显进展，该区通过大力推动产业升级，使经济进入加快发展的上升通道，以电子信息产业为主的新型工业成为区域经济新支柱。2011年，该区GDP增幅居全市第一，规模以上工业总产值、进出口总额居主城第一。"一城三园"格局逐步形成。重庆大学城基本建成，13所高校入住师生达15万人，正成为开放的人才、智力高地；西永综合保税区设立并封关运行，西永微电子产业园建成标准厂房等各类楼宇340万平方米，设立7.6平方公里的台资产业园配套园；对外物流大通道加快形成，

第九章 三区联动 转型发展

西部物流园铁路集装箱中心站建成运行,开通两条"五定"班列,"渝新欧"国际贸易大通道实现常态化运营。沙坪坝区把科技服务民生,依靠科技发展促进城市转型作为创新型城市建设的主要方向。该区提出坚持民生导向,推进三个转型,建设开放文明和谐幸福的现代化城区。三个转型是经济转型、城市转型和社会转型。经济转型是把沙坪坝区建设成重庆对外开放的重要窗口;城市转型是建设成生态宜居城市;社会转型是建成和谐幸福家园。

沙坪坝区依靠科教资源优势,在经济转型中,该区将加快这一优势的转化,推动经济发展从过度依赖物质资源消耗向更多依靠科技进步转变,使创新成为经济发展的主要驱动力量。在提高创新能力中,沙坪坝区发挥高等院校、科研院所基础创新的主体功能,推动建立一批重点实验室、工程研究中心,积极引进和引导企业建立技术中心、研发机构。在推进科技成果转化中,将推动区域内电子信息、高端装备制造等领域组建产学研技术联盟,建设重庆产学研合作创新创业基地。在政府层面上,完善创新创业服务体系来搭建平台,将通过探索"投、保、贷、补、扶"的科技金融支持体系,发展风险投资、股权投资,引进、建立和扶持一批专业化科技中介服务机构来提升服务创新能力。通过健全完善支持创新的政策体系,使全社会的创造能量充分释放,使创新成果不断涌现,把沙坪坝区建设成为科技创新沙坪坝区。加快推动电子信息产业链由"微笑曲线"低端向高端延伸、向台资产业园配套园布局,并着力发展关键零部件制造、设计服务等高附加值产业环节,将电子信息产业打造成为第一支柱产业。在做大电子产品制造业中,沙坪坝区将配合推进笔记本电脑生产基地建设,以应用电子产品制造为基础,大力发展计算机及外部设备、集成电路、基础电子等产品制造;依托知名厂商的带动效应,集聚关键零部件等配套企业,形成涵盖新一代移动通信、数字电视、互联网、信息安全产品等的产业集群。同时,将通过延伸电子信息产业链条,引导产业链条向设计和服务环节延伸,加快发展软件设计、信息服务外包、科技中介服务,形成以硬件生产、软件及服务外包为主的5000亿级产能的电子信息产业综合生产基地。

在经济转型中,沙坪坝区大力发展服务经济,加速区域内物流等现代服务业崛起，引进和发展高端商业业态，着力培育新型金融和总部经济。在集群发展现代物流业中，将配合建成铁路编组站，加快建设西部物流园核心功能区，发挥物流大通道功能，放大集聚辐射效应，发展壮大多式联运、现代仓储、货运快递等现代物流业；通过推进专业市场群建设，提升特色物流、产业物流、城市配送物流和口岸物流的能力。在培育新型金融及总部经济中，将依托产业优势，积极争取电子产品离岸结算、物流结算等项目落户，鼓励小额贷款公司等金融业态发展，培育电子信息、物流、现代制造业等企业总部。在提升商贸服务业中，将通过发展商圈经济、市场集贸经济、楼宇商业经济，推动传统商贸业态改造升级，培育中介服务、电子商务、健康养老及培训等新兴业态；发展数字媒体、艺术设计等文化创意产业，提升红色旅游、都市旅游、古镇旅游等旅游产业效益。在经济转型中，沙坪坝区将实施传统工业向园区、价值链高端和有核心竞争力的优势企业集中，传统农业向都市型休闲农业转变两大转变。

在推动传统制造业升级发展中，将鼓励企业走总部化、总成化、品牌化的发展道路，推进传统装备制造等产业向研发、设计、总部等高端业态升级，支持康明斯、小康汽车等企业加快发展，打造出10个先进制造业知名品牌。通过推进节能减排，加快淘汰高污染、高耗能、低效率的落后产能。在农业产业的转型中，将通过发展都市型休闲农业，促进花卉、苗木、蔬菜、水果等特色农业发展，打造特色农产品品牌，并完善农业旅游配套设施，策划实施乡村旅游项目，构建集生产、生态、休闲、服务功能于一体的都市型现代农业，培育出10个都市型休闲农业品牌。

在建设生态宜居的现代化城区中，沙坪坝区将坚持用全域理念统筹规划、建设和管理，推动城市结构由城乡二元化向全域一体化、由单中心向多中心多片区转变，推动城市功能由单一型向复合型转变，着力构筑功能完善、特色鲜明、整体联动、运转高效的城市发展格局。

按照全域城市化、全域一体化的规划建设模式，沙坪坝区将在未来的几年内，重点突出规划的引领作用，按照重庆市城乡总体规划，全域统筹、适度超前编制完善城市分区规划、控制性详细规划，严格规划控制，不断提高土地开发与集约利用水平,将沙坪坝区建成规划引领控制水平较高、功能片区互动、差异化发展的现代化城区。

在城市结构的优化中,将深化功能分区,建设好中梁山脉生态文化旅游带和缙云山脉生态农业旅游带"两带";推进三角碑、西永城市副中心两个城市中心的建设;建设好以商贸健康、高端服务、教育科研、现代物流、商贸居住等为主要特征的上新、井双、大学城、物流园、青凤五大城市片区,形成"两带两中心五片区"的城市格局。

社会转型的目标是推动社会管理模式从以行政管理为主向政府服务与社会自律和基层自治相结合的方向转变,促进公共服务从保障群众的基本需求向满足群众合理的个性化、多元化需求方向转变,建设和谐幸福家园。

鼓励扶持创业致富,发展微型企业,是增加城乡居民收入,缩小收入差距的又一重大措施。通过政策扶持,促进大中专毕业生、下岗失业人员、文化创意人员、信息技术人员等自主创业。支持群众拓展增收渠道,支持和鼓励通过资金、技术入股等方式增加收入,加大对群众财产性权益的保护力度。

通过强化社会保障,以基本养老、基本医疗、最低生活保障为重点,扩大社会保障覆盖面,坚持落实最低生活标准与经济发展水平和物价上涨"双联动"机制,强化公租房、安置房、廉租房"三位一体"的住房保障,让居者有其房。

在未来几年内,沙坪坝区将继续把教育作为最大的民生来抓,通过促进教育均衡发展,推动高校入驻大学城,不断改善办学条件并基本实现基础设施、教育设施、公共设施、后勤服务和信息资源"五个一体化";加大在新建城区、农村、东部薄弱地区的学校布点力度,全面完成区属中小学布局调整和标准化建设,深入实施城乡学校互动发展工程,健全家庭困难学生资助体系,加快普及学前教育。

通过提升城乡一体的医疗健康服务水平,让城乡居民享受到同等的医疗服务。沙坪坝区将依托富集的医疗资源,规划建设"健康城";建成"15分钟医疗圈",全面完成镇卫生院、村卫生室和社区卫生服务中心标准化建设,深入推进公立医院改革,严格执行完善基本药物制度,逐步扩大免费公共卫生服务范围,实现镇村卫生服务一体化管理,积极创建国家卫生区。

在健全城乡公共文化体育服务体系中,将完成街镇文化站、社区(村)文化活动场所建设,优化升级农家书屋,深入打造城镇"15分钟文化服务圈"、农村"半小时文化服务圈",实现城乡体育设施全覆盖和体育公共服务均衡化。

与此同时,将健全新型社区管理和服务体制,发挥社会组织的管理服务作用,加快推进公共行政管理改革,推动社会组织在更多领域、更大范围内的自我管理和服务群众,支持群众主动参与社会管理。

第十章 政策建议

丰富的科教资源是创新型城市建设的重要基础和条件,科教资源优势转化为创新优势和产业优势是科教资源集聚区创新型城市建设要解决的核心问题,促进科技成果的转化和产业化是创新型城市建设的重要任务。为了促进科教资源集聚区创新型城市建设,应该加强以下几个方面的工作:

(1)把创新型城市建设纳入到城市建设整体规划中,确立创新驱动的城市发展战略,把创新型城市建设具体目标、任务落实到城市布局、产业发展、基础建设、配套服务等各项工作中去,加强统筹协调和监督落实。

(2)借鉴中关村创新平台的经验,各地在建设创新型城市过程中,应该加大政府职能和部门设置的改革力度,从有利于整合创新资源、有利于提供优质服务、有利于激发创新活力和组织创新活动的角度出发,搭建统一的创新平台,变管理为服务,提高服务水平和服务质量,简化程序,提高效率,以创新的思路和做法满足创新的需要,营造有利于创新的外部环境。

(3)扩大先行先试政策适用范围,对于经过试点效果显著的政策应尽快推广,并以法律、法规等形式固化下来,成为支持创新的基础性政策。例如,股权激励机制政策、收益权和资产处置权改革等被证明为具有很好激励效果的政策,对于激发科研人员和科研单位的创新积极性,保障科研单位和个人的权益具有非常明显的效果,应该尽快推广。

(4)进一步落实企业在自主创新中的主体地位,真正以企业为中心配置创新资源,发挥市场在资源配置中的决定性作用和政府的引导作用。进一步明确高校、科研单位、企业和中介组织在整个创新中的地位、作用和各自的优势、功能。高校等基础性科研单位的重点应在基础性研究和重大共性技术研究上，应用型研究应该以企业为中心，直接面向市场和产业，改变传统的由高校或科研单位投入经费进行研究，形成科研成果，然后组织产业化这样一种线性的技术创新模式，而是以企业为中心，以产品和市场为导向，直接围绕创新产业活动组织创新资源和创新活动，解决长期以来科技与经济脱节的问题。

（5）做好科技人才的开发与利用，既重视高层次创新人才的引进，更要重视创新人才的使用。通过人才特区建设等措施，吸引和留住一大批创新创业人才，制定综合的人才政策，为创新创业人才营造良好的工作条件和生活条件，改变传统的人才评价标准，以人才的实际能力和工作绩效评定人才，不拘一格用好人才。

（6）加强科技金融工作，为科技型企业提供良好的金融服务和资金支持。推广中关村等在科技金融方面的成功经验，拓宽科技型中小企业直接和间接融资渠道，创新科技金融产品和服务方式。

（7）重视新型产业组织在组织协同创新中的作用，加强产业创新联盟建设。加强对产业创新联盟工作的研究和指导、引导，变松散型俱乐部式的产业联盟为具有共同目标、共同需要和协同行动的紧密的任务导向的战略联盟。

（8）加强创新型城市建设中的社会建设，把社区纳入到创新型城市建设整体中，把校区、园区、社区紧密地联系起来，形成"三区融合、联动发展"的良性互动发展。

参考文献

1. 吴宇军，胡树华等. 创新型城市创新驱动要素的差异化比较研究 [J]. 中国科技论坛，2011（10）.

2. 吴价宝，张勤虎. 创新型城市动态评价研究 [J]. 工业技术经济，2013（3）.

3. 蒋玉涛，郑海涛. 创新型城市建设路径及模式比较研究 [J]. 科技管理研究，2013（14）.

4. 尤建新，卢超等. 创新型城市建设模式分析——以上海和深圳为例 [J]. 中国软科学，2011（7）.

5. 李焱，喻金田. 创新型城市形成的条件及其内在关系研究 [J]. 现代城市研究，2013（5）.

6. 季必发. 国外创新型城市发展模式借鉴 [J]. 杭州科技，2010（3）.

7. 贾玉巧. 构建创新型城市发展模式的综述 [J]. 中国商界，2009（10）.

8. 北京方迪经济发展研究院科技创新研究部. 国外创新型城市的主要类型及发展经验借鉴 [R]. 2010.

9. 祝一君. 国外创新型城市的实践与启示 [J]. 杭州科技，2007（6）.

10. 赵峥. 国外主要创新型城市发展实践与借鉴 [J]. 决策咨询，2011（1）.

11. 胡钰. 创新型城市建设的内涵、经验和途径[J]. 中国软科学，2007（4）.

12. 蒋晓岚. 创新型城市建设的国内实践和基本模式研究 [J]. 中国城市经济，2010（10）.

13. 代明，王颖贤. 创新型城市研究综述 [J]. 城市问题，2009（1）.

14. 胡树华，牟仁艳. 创新型城市的概念构成要素及发展战略 [J]. 经济纵横，2006（8）.

15. 石亿邵，卜海燕.创新型城市评价指标体系及其比较分析［J］.中国科技论坛，2008（1）.

16. 张士运，刘好.北京创新型城市进程的国内比较［J］.中国软科学，2008（12）.

17. 闫凌州，杨冬梅.基于因子分析的创新型城市评价体系的构建与实证分析［J］.科技进步与对策，2008（5）.

18. 杨华峰，邱丹，余艳.创新型城市的评价指标体系［J］.统计与决策，2007（6）.

19. 齐园."中关村模式"的内涵、问题及对策研究［J］.开放导报，2010（2）.

20. 胡树华，邓恒进，牟仁艳等.区域创新系统运行的"四三结构"模型及机理研究［J］.科技管理研究，2009（12）.

21. 田育飞.区域创新系统理论研究评述［J］.合作经济与科技，2007（12）.

22. 李柏洲，徐涵蕾.区域创新系统中的创新政策差异化研究［J］.科学学与科学技术管理，2007（3）.

23. 白永秀，赵勇.创新型城市的内涵及模式选择［J］.改革，2006（10）.

24. 叶帆.创新型城市的构建要素与实现路径［J］.福州党校学报，2006（9）.

25. 谢文峰，程金树，赵跃民.高校科技成果转化对策研究［J］.中国科技成果，2006（10）.

26. 李永胜.论创新型城市的涵义、特征及其实现途径［J］.天府新论，2008（1）.

27. 李琬，张玉利，胡望斌.创新型城市第四代创新评价指标体系构建与实证研究［J］.科技管理研究，2010（1）.

28. 马有才，赵映超，杨洋.高新技术产业集群与创新型城市建设的互动发展［J］.科技进步与对策，2010（9）.

29. 李英武.国外构建创新型城市的实践及启示［J］.前线，2006（2）.

30. 胡亭亭，刘奇中.创新型城市建设的实践与模式［J］.安徽行政学院学报，2010（12）.

31. 约瑟夫·熊彼特. 经济发展理论——对于利润资本信贷利息和经济周期的考察 [M]. 北京：商务印书馆，2000.

32. Bengt-Ake Lundvall. National System of Innovation: Towards a Theory of Innovation and Interactive Learning [J]. Research Policy, 1995(3).

33. 齐建国. 技术创新——国家系统的改革与重组 [M]. 北京：社会科学出版社，2007.

34. Organization for Economic Cooperation and Development. The Knowledge-Based Economy. http://www.oecd.org/sti/sci-tech/1913021.pdf.

35. Charles Landry. The Creative City: A Toolkit for Urban Innovators [M]. London: Earthscan Ltd., 2008.

36. James Simmie. Innovative Cities [M]. London: Routledge, 2001.

37. Hospers.Creative Cities in Europe Urban Competitiveness in the Knowledge Economy [J]. Intereconomics, 2003(9).

38. 徐井宏，张红敏. 国际创新型城市案例研究 [M]. 北京：清华大学出版社，2012.

39. 国家创新体系建设战略研究组. 2010 国家创新体系发展报告——创新型城市建设 [M]. 北京：科学出版社，2011.

40. 张岩. 创新理论发展与创新型城市建设 [M]. 济南：山东大学出版社，2011.